武建一 労働者の未来を語る

人の痛みを己の痛みとする
関生労働運動の実践

武建一 著

社会批評社

目次

第1章　労働運動への目覚め

第2章　関西生コン支部の誕生

第3章　産業政策闘争と協同組合論

第4章　日本共産党の組合介入との闘い

第5章　労働運動再生への道

写真提供●連帯労組関西生コン支部、『毎日新聞』

序章　関生型労働運動とはなにか？

関生支部結成42年

——今年2007年は、日本の労働運動の重要な位置にある関生労働運動が、42年目を迎えることになります。この42年という長期の闘いに、武さんの人生をかけてきた血と汗の結晶があるわけですが、それはゆっくりとお聞きすることにします。まず最初に42周年を迎えての武さんの想いからお聞きしたいのですが。

武建一　42年と言いましても、あっという間に過ぎ去ってしまった気がするのですが、しかし、ゆっくり考えてみますと、本当に言葉で言い尽くせないほどの苦い経験もありましたし、また嬉しいこともありました。

その苦い経験の中から得られた教訓というものが、今の関生支部にも少なからず影響を及ぼしていると思います。ですから、この42年間を振り返って、まさに一心不乱に頑張ってきた42年間だったような思いがします。そこをしっかりと総括をして、そして次の45年、50年に向かって確かな方向を出していくのが、私たちの仕事だと思います。

——確か『風雲去来人馬——関西地区生コン支部闘争史』（関生支部刊）の本の冒頭だったと思

いますが、武さんが振り返って、1994年までのその結びに、現在の関生の労働者に向けて、関生の先輩たちが血と汗で、そして、その足で踏み固めてきたこの道だと。そこの苦難と喜びの道をこれからの関生の労働者が、しっかりと受け継いでほしいということが書かれていますね。そういう意味で、この時代の危機の中で、日本の戦闘的労働運動の再生・発展というか、そこでの関生から見た展望や位置についてはどうお考えですか。

武建一　一つは、時代認識をどうするかっていうことですね。アメリカ型の世界というのか、これがいつまでも続くというように、日本のマスメディアや少なくない人々は思っていますが、関生ないし私から観ますと、アメリカ型の帝国主義的な世界支配というのは限界に達している、もう終焉《しゅうえん》に近づいている、そういう時代認識です。

ですから、われわれが取り組んでいる反グローバリズムとか、戦争に反対するとか、イラク戦争の侵略性を明らかにし闘うこととか、あるいは、アメリカと日本の支配層がやっている靖国神社を利用して中国をバッシングするとか、拉致問題を利用して朝鮮民主主義人民共和国をバッシングする。そして、バッシングする一方では、日本を軍事大国の方向へ導いていこうとしています。

これは終焉に近づいているし、今の体制は最後にその道しかない。軍事大国の道しかないし、そこにしか活路が見いだせない。それは民衆の大きな不安と怒り、つまり民衆に犠牲を押しつけるわけですから、そういうのが今の時代的特徴ではないかと考えております。

それだけに、関生型の運動が産業政策を掲げて、産業構造を中小企業や労働者本位の方向に転換する、こういう運動が今、多くの労働組合に求められている運動の中身ではないでしょうか。ですから、関生が何十年間かかって培ってきた政策闘争を、関西から全国に発信することによって、労働運動の再生に役立つのではないかと見ています。

関生型労働運動の核心

──具体的には、これから明らかになっていくと思いますが、いわゆる、「資本主義の根幹を揺るがす闘い」という形で、当時の日経連の大槻文平さんに言われた、「箱根を越えさせるな」という、資本が戦慄するような関生型の労働運動というのを、42年の歴史で創ってきたのがその地平だと思うのです。このような関生型の労働運動というものを、労働運動のことを知らない読者、あるいは、これからの世代、次世代に伝えるとしたら、その核心というのは何でしょうか?

武建一　一言ではなかなか言い表せないですけど、簡単に言えば、支配されている側の労働者、全体の利益を確保する人たちの運動と言っていいでしょう。労働組合らしい労働組合運動をやるとすれば、資本の側から敵愾心《てきがいしん》をもって見られてしまう。

関生支部の弾圧反対自動車パレード

具体的に言えば、関生の運動は要求を獲得する能力が極めて高いということ、それからもう一つは、賃金や労働条件の改善も熱心にやっているんですが、権利侵害を受けた仲間たちの闘いを束になって闘っていくというのか、その「人の痛みを己の痛み」として感じられるような、そういう闘い方をするということ。それからもう一つは、大企業中心の経済・産業の仕組みを、中小企業と労働者に都合の良い方向に変えていこう、ということですね。「産業と経済の民主化」を実現する運動ですね。

そして、反戦平和、広く民衆の求めているテーマに、労働組合が果敢に挑戦していく。国際連帯、例えば、イラク戦争に反対するとか、あるいは、アメリカを中心としたグローバリズムに反対するとかですね。そういう国際連帯を強めていくことを内容にしているんです。

しかし、何といっても関生の運動の軸は、敵の攻撃に対して電撃的に反撃する。私たちの闘いの根源には、一発やられたら三発やり返す、やられたらやり返すっていう労働者魂って言うんですかね、それがある。それを実際にやってきているっていうことです。

そして、できるだけ世の中の動きを、半歩でも先を観る力が重要ですね。特に幹部に求められているのは、不屈性ですね。権力弾圧を受けたり、ヤクザに追われたり、殺されかけたりした幹部も多いんですけど、その労働者魂というか、根性というのか、それが非常に据わっていて、そういった敵の攻撃に立ち止まらないっていう姿勢。こういう労働組合になっているんじゃないかと思います。

――関生支部15年史の「苦難と喜びに満ちた道を振り返って」というところで、すごく印象に残ったのが、後世の仲間たちに語り継ぎたいとして、最初は苦闘して創っていくわけですよね。その苦闘の中で、苦しみを楽しみにするためには、その苦しみの根源と労働者的に闘うということが、次第に苦しみではなくて、次の喜びになっていくということ。これは哲学でもあるし、方法論でもありますね。なかなか若い世代から言うと、逃げちゃいますよね。この辺のことが、今のお話との関係でもあるかなという感じがしたんですが。

武建一　もともと生コン支部の誕生は、極めて劣悪な労働条件、非常に厳しい労働条件の下で労働者が起ち上がった、これがスタートですね。ですから、苦しみというものが、闘いのエネルギーになっているんです。これは苦しみですが、しかし、実践と歴史から学び、理論化することによって15年史で言っているように、苦しみの根源、すなわち支配層との闘い、経済闘争はさることながら、政治闘争・思想闘争もやるという中で、苦しみの根源と闘うというエネルギーをもらってきたということです。

大きな敵に胸を借りて

――そういうところから、先ほど言われた、闘えば勝つ、闘わなければ勝てない、という不屈性・戦闘性などが出てくるのですね。

武建一　しかもですね。生コン支部の42年の中では、住友資本、三菱資本、三井資本、あるいは太平洋セメントなど、ほとんどのセメントメーカーは大企業なんですね。その大企業の、「不当労働行為のデパート」と言われているぐらい、ひどい不当労働行為があったのです。それらと闘ってきて、基本的にはすべて勝っています。

――それはすごいですね。これらは大独占資本ですよね。その下の方から、本当の根源に向かって攻め上がっていく闘争ですから。そういう関生の闘いの背骨というのは、どこででき上がったのですか。

武建一　30年近く前になります。今でも健在ですが、福井県の方に一番大きな建物で三谷商事というのがあります。会長をなさっている方が三谷光治さんという方です。この方はすでに亡くなりました。当時日経連の会長をなさっていた大槻文平さんをだいぶ尊敬されていた方ですが、その三谷商事と私どもとの大闘争が１９８０年ごろにありました。その当時、私は三谷光治さんと何回かお会いしていましたが、彼はこう言いましたね。

「ウチのオヤジはね、今度の闘争では（その当時は鶴菱闘争をやっていましたが）、一歩も譲らないと言っている。委員長の不屈性とか戦闘性は分かるのだが、日経連の大槻文平が言っているのだから、とても大変な闘争ではないんですか」

そのとき私は、「いや、敵に不足はしないですよ。労働運動というのは、もともと敵の攻撃の中で鍛えられる、成長する。それほど大槻さんが決意を固めていることは、敵の存在がわれわれを鍛えるのですから、いいチャンスを与えられると、こう私は見ているのですよ」と言ったんです。

そうしたら驚きましたよ。「いやー、そういう見方もあるのか、そういう考え方で臨んでいるのか」と。

この闘争はまもなく勝利したんです。どんな勝利かというと、横浜の解雇事件で関西の仲間が、それを支援するために連帯ストをやったんです。そして、三菱はロックアウトをかけた。二カ所の職場が、6カ月間ロックアウトされた。それに対してわれわれは、三菱の商品のボイコット運動を組織しましてね。ついに、三菱は参ったということで完全勝利したんです。それ以来、三谷さんは、昨年も関西に来られたんですが、そのときに「さすが関生やなー」、こう言ったんです。

――なるほど。普通なら恐れおののいて後へたじろぐのに。でも、本来の階級的労働運動というのはこういうものなんですね。大きな敵に、強い敵に胸を借りて、そこで生コン労働者の強さと不屈性というのが形成されてきた、ということなんでしょうね。

武建一　そうなんです。やはり私は、逆境こそ仲間を鍛える、育てていくと考える。ですから、気持ちの上ではゆとりを持っています。敵の攻撃に対して、厳しいという思いをしながら、そこから活路を開いていくということなんではないでしょうか。そうでないと、パワーは出てこないと思いますよ。

どちらかというと、敵の攻撃は非常に厳しいものがある。例えば、過労死とか、サービス残業をしているとか、あるいはリストラとか、下請けの切り捨てとか、下請けのコストダウンとか、これらは厳しいには違いない。しかし、これを日本の労働組合は権利侵害と思っていないのです。これだけ厳しい攻撃があるのだから、だからこれを怒りに変えて闘っていかなければならないんです。そう考えていないんです、日本の労働運動は。

われわれは、相手側のそのような攻撃に対して、自らに対しての攻撃だという問題意識をもって闘うんです。先ほど言いました鶴菱闘争というのは、日々雇用の労働者の解雇事件をわれわれは支援したわけです。ですから、現実的に権利侵害を受けている、現実的に人格破壊と思われる攻撃がある。それを関知しようとしない労働組合と、それをしっかりと受け止めて闘う関生の労働組合との、大きな違いではないんでしょうか。

（註「日々雇用」とは、いわゆる日雇労働者のことで、関生支部は「日雇」という表現に差別的なものを感じて、この表現をとってきた。）

資本主義の根幹に触れる労働運動

――三菱資本との商品のボイコット運動を含めて、関生が過去にやった「資本の根幹に触れる運動」と大槻文平が言わざるを得なかったこれらの運動を、今の関生の労働者がどこまで自覚されているかは別にして、敵の側から見るとそれだけ深い、本当に戦慄《せんりつ》するようなところに手を伸ばしたという、関生運動の歴史的意味があると思いますが。

武建一　日本共産党は、当時、「相手側の背骨を抜くようなことをした」と言っていましたが、

大阪地裁前での弾圧反対デモ

「背骨を抜く」ということは、われわれが「資本主義の根幹に触れる運動」と大槻文平に言わしめたその不買運動と、もう一つは、裁判では鶴菱闘争は負けたんですが、大衆運動では勝利したんです。それともう一つは、資本の投資計画をコントロールする、新設をするとか、増設をするとか、それについては事前に労働組合の同意がなければしてはならい。無秩序な競争は、やがて既存の雇用権の侵害につながるということで、投資計画の抑制政策を出したんです。これらを社会変革の運動であると、彼らは捉えたんですね。

——その闘争を考える、編み出していくというのは、がむしゃらにぶつかっていく中で創られていったのか。それとも、武さんたちの中で、練って練って創り出されたのでしょうか？

武建一　それは実践の中で、必要に迫られて創り出されたものですね。ですから、最初から理屈立てして、論理立てして闘うという方式ではないのです。例えば、背景資本に対する取り組みですが、これは42年間一貫しています。

これは、関生ができた１９６５年、その前の64年に今の太平洋セメント、当時の日本セメントが労働組合潰しのために、孫請け・下請けの会社もろごと閉鎖したんです。閉鎖してその社長がいなくなった。結局、背後から操っていた当時の日本セメントに、責任を追及するということになりました。つまり、必要に迫られて、闘っていくうちにそこに行きついたのです。

三菱製品の不買の場合もそうですよ。一番相手がこたえるのは何なのか。闘いは、相手が困ることをやらなければいけないわけです。相手が喜ぶようなことでは勝利しません。ですから、セメントの不買をやったり、三菱資本が入っているキリンビールを飲まない、三菱の名前のついているところと一切取引させない。こういうのは、相手が商売をやっている以上、有効ではないかと思っています。

闘いの中から、こういうのは発見する。発見したら当然、実践していく。その結果として、「背景資本」というのが、労働委員会・裁判所で認められた。まだ、不買を認めるところまでは行っていませんが。

相手側はそういうことを予測して、最近では民事暴力みたいにして、不買や背景資本への取り組みなどを、企業別組合の範囲以外は認めないという動きがありますが、これは資本主義の一番弱いところではないんですか。

また、資本の投資計画をコントロールする闘争については、私が今から35年ほど前にイタリアを訪問した際、当時のイタリア総同盟の労働組合がホテル開業にあたり、労働組合との事前協議がないことを理由に、ホテル開業をストップしていた事実を目の当たりにした経験を帰国後、関生流に生かしたのが「かるも島」施設ストップの闘争です。

関生魂を青年労働者の中へ

――この序章の最後にお聞きしたいのは、42年間創ってきた関生型労働運動、関生魂というものを、次の世代の労働者に、あるいは、関生だけでなくこの危機の時代に生きていく若い労働者たちに、どう生きていくのか、どう闘っていくのか、ということをメッセージとして伝えておきたいのですが。

武建一　そうですね。マスメディアとか新聞報道は、70％以上の人が真実を報道していると思いこんでいますが、戦後の社会構造、教育を含めてそうですが、あんまり物事を深く考えていくとか、疑問を持つとか、そういう人々が育っていないという感じがします。

われわれの青春時代は、生活は苦しかったのですが、世の中の仕組みとは一体何なのかということを、自分で必死になって勉強したり、考えようとしました。居酒屋へ行っても、いわゆる「世の中」の話をする。今は、それはほとんど感じられませんね。あそこはカネになるとか、ラクで仕事がしやすいとか、あるいは異性の話とか、上司の悪口とか、そういう話をする人は多いのですが、政治の話とか、世の中の話とかする人は少ないですね。

ですから、もっと世の中に疑問を持つような、そういう機会が必要ですね。われわれの青春時代は、自然というのはどうしてこうなってきたのかとか、人のモノの見方・考え方はどうあるべきかとか、いわば哲学などの議論をしてきました。あるいは、経済学、マルクス経済学の勉強も普通にやっていた。しかし、今はマルクス経済学というと、なんとなくダサいみたいな感じになっていますね。だけどそれは、支配者が作り上げてきた常識なんですね。これを打ち破るようなことを、われわれが行わなくてはならないと思います。

つまり、現状追認型というか、政党でも労働組合でも、こういう現状だからと言って、支配層が作り出した現状に追随しているだけの話ですね。そういうやり方をしていたのでは、1人ひとりの夢も希望も生まれてこない。ですから、労働運動の再生もそこからは見えてこない。

したがって、そういうことを打ち破るような、すなわち、もともとの原点にたち返って、自然はどのように創られてきたのか、社会はどのように成りたっているのか、経済というのは今の資本主義経済だけが全てなのか、このようなことに、疑問を持てるような労働運動が重要になっているんです。

今、私どもが行っている組合の教育の中では、自然科学、社会科学、経済学、そして労働運動の歴史など、原点に立ったような学習をしています。われわれが、そのことによってダサいと言われようが、それをもっともっと分かりやすく一般の労働者に発信できるようなものを、関生の中で創っていく必要があると思います。

——今のことに踏まえて、関生の次の世代の労働者にこれが重要だ、という核心点はありますか？

武建一　関生にとって言えることは、多くの労働者の共鳴を得るためには、自分の企業とか、自分の身近な範囲で要求を出すことは大切なことですが、それに限定せず、もう少し視野を広げて産業構造をどうするのかとか、世の中を変えるためにどういう要求を必要としているのかとか、そういう視点での要求作り、運動の在り方をわれわれから発信していくべきことだと思いますね。また、組織を強く大きくするためには、組織文化・組織改革による組織の活性化などが必要です。

第1章　労働運動への目覚め

——低賃金と長時間労働に対する闘い

米軍占領下の奄美・徳之島

——武さんは、１９４２年（昭和17年）生まれ、奄美・徳之島のご出身ですが、当時の徳之島の状況、ご家族の状況などをまず、お聞きしたいのですが。

武建一　私の親父は７人きょうだいで、長男は生きていたら91歳になります。この方は１９３８年（昭和13年）に中国大陸で戦死しています。それから私の親父の弟は、70過ぎて病気で亡くなりました。あとはみんな元気です。親父の姉が90歳近く、親父自身も88歳です。長寿なんです。私のお袋は、61歳のときに亡くなりました。

私自身は、６人きょうだいです。私のすぐ下の妹は、１９４５年生まれ、戦争の真っ只中で生まれたんですが、５歳のときに亡くなりました。あと４人は、姉が１人で１９３９年（昭和14年）生まれ、そして、妹の厚子が私のすぐ下で、あとは志津江、美智代の５人のきょうだいがいます。

私の親父の出身は、どちらかというと、「ドン百姓」で、大正から昭和にかけての時代ですから、とても７人きょうだい全部が食べていけるような状態ではなかった。一番上の兄貴は、14歳ぐらいのときに大阪に就職して、どういうわけか愛媛の方で手配師みたいな仕事をして

徳之島伝統の闘牛（毎日新聞）

いた。しかし、その方は戦死しました。

親父は、1938年ごろ、当時の運転手はパイロット以上の貴重な存在だと思うのですが、神戸の自動車学校を出てから運転免許証を取りまして、それからずっと軍属、軍が空港を作ったりするときの仕事を、鹿児島や種子島でやっていたんです。私が3歳のときに敗戦を迎えるのですが、そのとき私は種子島にいたのです。種子島から鹿児島を経由して、1946年（昭和21年）に徳之島に帰ってくるのです。

——当時の奄美・徳之島は、アメリカの占領下にあったんではないですか？

武建一　そうです。徳之島は、サンフランシスコ講和条約が結ばれるまで、アメリカの信託統治下ですね。米軍の支配下なんです。その支配下では、お金は「軍票」なんですね。軍で通用するお金。日本でありながら、アメリカの支配下にあった。

私の親父はね。戦後『愛染かつら』という映画を、徳之島で一番最初に興行したんです。映画館がない中で、サトウキビ畑の中で上映するんです。

親父は、最初は運転手をやったり、興行をやったりしていたのですが、敗戦直後は、砂糖や塩、そして材木が決定的に不足していて高価なものだったんですが、徳之島は黒糖がとれます。それを鹿児島に売りに行くんです。しかし、鹿児島に行くのは、「密航」になるわけです。密航で鹿児島に砂糖を持って行って、そこから材木を買って当時材木が不足していた奄美に持って帰るわけです。

ですから、幼児期にはけっこう裕福な生活をしていたわけですが、しかし、密航なんていうのはすぐに捕まったりしますから、長続きしない。ですから、それから親父はうまくいかず沖縄に行ったりするのですが、1956年（昭和31年）ぐらいに徳之島に帰ってくるわけです。その間、1951年（昭和26年）ごろから56年まで、家にいなかったわけですね。

お袋はこの6年間、行商で私たちの生活を支えていたのです。行商というのは、ソーメンとか石鹸とかの日用品をカゴに一杯仕入れてきて、それを各家庭に売り歩くわけです。ほんのわずかな利益で、6年間、女手1人で家を支えてきたわけです。

こういう中で私は、小学校4年生の後半から親父が帰ってくるまでの中学校2年生まで、親父の弟の家（洋一の家、弟が本家を継いでいる）に、口減らしのため預けられて生活していたのです。いわば、叔父のところで洋一などと一緒に、３年ちょっと生活していました。
母親の、朝早くから夜遅くまでの行商は大変な仕事ですが、そういう姿を見て育ったので、小さいながら生活の厳しさ、大変さを感じていましたね。だから、母親への強い思いというのが残っているんです。

サトウキビが唯一の産業

――その当時の、アメリカの信託統治下の徳之島の経済や生活の実情を、もっと詳しく知りたいのですが？

武建一　徳之島は、サンフランシスコ講和条約が成立して日本に復帰するわけですが、それ以後は離島復興予算、国の予算によって復興するんですね。公共工事を中心とした仕事で成りたっていたのです。それ以外に産業らしい産業はないんです。黒糖が主なので精糖工場はあったのですが、私が出てくるまではまだ、黒糖の値段はいくらか安定していた。それが産業らしい産業です。あとは復興予算によって、土木とかの仕事がいくらかあるという状態です。しかし、その土木工事も、建築関係の仕事のほとんどは鹿児島本土からの建設資本が来て、地元は下請けです。だから、田舎で学校を卒業しても、そこで生活できるような状態ではない。ですから、その当時は、中学校を卒業したら、関西方面に集団就職するという人がほとんどでしたね。

こういうふうに都会へ出てきた徳之島の人たちは、就職先の近辺でコミュニティを作ったりしていますね。

――武さんの人間形成に、徳之島での生活は大きな影響を与えていると思うのですが、その徳之島での生活はどうだったのでしょう。

武建一　徳之島は、砂糖で成りたっている島ですよね。それは島津藩の支配下では、ひどい苦境にあったようです。島民は、砂糖のクキ・根っこを食べるところまで追いこまれたんです。取り立てが激しくてね。ですから、権力に反対する運動が残っているんですよ。島民の反骨精神というか反権力というのは、しっかりあるんです。今この年になって思うと、この島の闘いの伝統・遺伝子を自分の中に感じていますね。

もう一つは、親きょうだい、みんな貧乏だったということがバネになっていると思います。普通、働く動機というのは、自分が豊かな生活をしたいとか、よりよい生活を望んでいるとかがあるんですが、私の場合は家を助けなければならない、というのがあったんです。労働運動に参加したときの動機も、自分にとってはそれほど不満があったわけではありません。というのは、労働運動については、まったく無知でしたからね。社会の在り方についても、まったくの無関心でした。
そういう状況ですから、今と比べると労働条件は厳しい環境にあったわけですが、それを厳しいとは思わなかったんですね。だから、自分自身が不満があって労働運動に参加したというのではなく、仲間の解雇事件があって、それが許せないということから労働運動に参加した。つまり、私の場合は、自分が直接痛みを感じて労働運動に参加したのではなく、人の痛みを目の当たりにして、許せないと思ったことが労働運動参加の動機なんです。そこが一般的な人たちとの違いではないでしょうか。

人格形成に影響を与えた母

――武さんのキーパーソンは、お母さんだろうなという気がしていたのですが、どんな人だったのですが。人格形成、人間形成に影響を与えたと思うのですが。

武建一　お袋は、どちらかというと、やさしいのとシンの強さとの両面を併せ持つような人でしたね。人はウソをついたらいかん、正直でなければいかんということ。人との信頼の基礎はこうあるべき、などと格好いい言い方ではなかったのですが、正直な生き方、努力する生き方を教えられましたね。

でも、言葉ではなく、一生懸命生きている本人の後ろ姿を見て、人間は誠実に生きることが大事だということを教わりましたね。私のところは、きょうだいの仲がいいんですが、自分のことはさておいてきょうだいのためなら、自分のことをさておいて親のためならと。そういうことをお袋から自然に教わっているんです。ですから、不思議なのは私の子どもたち、4人のうち1人は亡くなりましたが、子どもたちに「兄ちゃん、今何している」「姉ちゃん、今何している」とか聞いても、あまり関心がないんですね。

私の子どものころは、学校給食がなく、姉が学校の昼時に「雑炊」を持ってくるんですよ。それを学校の庭で食べました。きょうだいは、助けあうというのが普通でしたからね。今の子どもたちは、無関心というか不思議なのですが、こういうのが私の原点だと思っています。ですから、働くことも、自分の欲求を満たすために働くのではなく、家の手伝いをするために働くというのが当たり前です。

大阪に出たのも、自分の生活よりも家を助けるということでした。労働運動に入るきっかけも、私自身の不満ではないんですね。あとで話しますが、解雇事件、勝又十九二さんの解雇事件を目の当たりに見て、闘い始めたんです。私自身は、優良運転手でしてね。ですから、私自身にとってはそれほど不満はなかったのです。相当厳しい労働条件でしたけどね。

――武さんの記録されているものを読むと、少年期・青年期、それから関生で解雇された前後

家族写真（１９６２年元旦）

に仕送りができなくなって、妹の厚子さんが進学できなくなることがいかに大変か、にじんでいる感じがしたんです。そうしますと、当時の徳之島で高校進学する人は少ないんですか？

武建一　私が中学校を卒業した１９５７年（昭和32年）ごろは、村から高校に行くのは10人中３人いるかどうか。大学に行くのは、徳之島全体でも１人いるかどうか。当時の徳之島の人口は、約３万５０００人ぐらいですが、まず貧乏でして、学校に行かせる余裕がないんです。学校に行く前に、とにかく働いて、家族の手助けをするということです。高校に行くのは、大・中の地主などの裕福な家庭です。

――妹の厚子さんは勉強ができて、大学へ行ったほうが良いと思ったということですが、武さんは、あんまり勉強は好きでなかったのですか？

武建一　勉強は、あんまり好きではなかったですね。好きではないというよりも、私らは朝起きるでしょう。そうすると、馬とか牛とかの草を刈ってきて、その家畜のエサを与えて、それから学校へ行くわけです。学校から帰ってきたら水道がなかったので、水を担いで水ガメに入れて、そしてまた草刈りに行ってくるのです。とにかく、子どもは家族の中の重要な労働の担い手でした。

今のアジアの子どもたちのように、ハダシで生活していましたが、とにかく、水くみ、マキとり、草刈り、そして季節によってはサツマイモとり、サトウキビとり、稲刈りなど、重要な労働の担い手なんです。子どもたちの遊ぶことと言ったら、カマで遊んだり、水をかけ合ったりの、労働の延長線上での遊びしかなかった。ゆったりすることはなかったですね。

勉強を嫌いという前に、勉強の機会が与えられないのです。それでも、一生懸命勉強する人もいましたが、私は勉強が好きな方ではなかったですね。少年時代は。

中学卒業後、丁稚奉公

――中学を出て、故郷に錦を飾るつもりで、すぐに集団就職をしたのですか？

武建一　いや、違います。私は中学を卒業しましてね。とにかく先ほど言いましたが、母親の後ろ姿を見て育ったものですから、早く家族の手助けをしたいというのが強くありました。だから、中学卒業後40日ほどは、田舎で土方をやりました。それから、母親の行商での知り合いであった百貨店のようなところで3年間、丁稚奉公《でっちほうこう》したのです。

ここは住み込みで、給料は1カ月５００円でした。朝は6時ごろに起きて、夜は10時ごろまで働くんです。日曜・祭日は、もちろん休みナシです。３６５日のうち、正月3日だけが休みで、それ以外はずっと仕事です。重労働です。ただ私は、15歳のときにバイクの免許を取りまして、バイクで配達をしていました。16歳のときには、小型自動車の免許を取らしてもらって、車で配達に行くという仕事でしたから、拘束時間が長い割には比較的楽な仕事でした。

給料の５００円は、全て母親に渡していた。私はタバコは吸わないし、酒も飲まなかったからです。運転免許証を取ってからは、確か給料は１５００円になっていましたが、これも全部母親に渡していました。

それでも、大阪に働きに行っている人たちが帰省してくるわけですが、みんな格好いい感じで帰ってくるわけです。背広を着て、革靴を履《は》いて。私らは、ようやくハダシからズックを履けるようになったばかり。都会から帰ってきた人たちは、すごくあか抜けしていますし、着るものもいいんです。さぞ生活もいいだろうな、と思っていました。

私の場合は、集団就職ではないんです。大阪で働いていたわれわれの先輩が、募集に来たわけです。運転手の大型免許を持っている人は、カネになるよと。それで、私と永井芳雄というポン友2人で、夜逃げしようということになった。家出ですね。というのは、田舎の親父もお袋も、なかなか手元から離したくないもんですから。大阪に出てきたのは、1961年（昭和36年）4月です。

――家出同然の状態で大阪に行かれたようですが、お父さんは最終的に納得したようですが、お母さんはどうだったのでしょう。

武建一　納得してくれましたね。基本的に私のお袋は、子どもの選択については自由に認める、そういう考え方の人でしたね。本人を尊重するという人でした。お袋は、田舎で育っている割には自由な考え方が強く、厳しい中にも優しさがあるような人でしたね。当時30代でしたが、1人で家を守り、たくさんの子どもを育てたんです。

１９６０年代の徳之島の風景（毎日新聞）

徳之島から大阪へ

――武さんは1961年に徳之島を出られ、「故郷に錦を飾る」ということで大阪に来られたわけですが、当時の船は大阪に着いたのですか？

武建一　船は神戸の関西汽船です。だいたい、当時の徳之島からの船は神戸着です。船の中では船底で、あの独特の臭いのするところですね。徳之島から神戸までは70数時間、約3日間かかっていました。これから大阪に行くわけですから、船の中で色々な夢が浮かぶんです。出港のときもテープでお別れして、一生のお別れのような気分になりましたね。いよいよ徳之島を離れ、いよいよ自立して自分なりの生活を作り上げていく。ですが、不安と希望が同居していました。

しかし、私の場合、船酔いがひどくて、船底でゲーゲーと吐いていましたね。とてもではないが大変でした。実は、今でも自分で車を運転する場合は酔わないんですが、バスなんかでは酔うのです。乗り物に弱かった。

神戸についてビックリしたのは、ものすごい人の多さですね。車は多いし。当時の徳之島は信号機もないようなところでしたから。それとビルですね。当時は60年安保の翌年ですが、もちろん私は、政治に何の関心もなかったのですが、当時は高度経済成長の真っ只中でしたからね。尼崎あたりに来ますと、煙がボウボウとしていました。すごいなあ、と思いました。大都会というのは、田舎から出てきた人間からすると想像を絶するような印象でしたよ。

出てきたころは、大阪では言葉は分かるのですが、使えないんですね。ずっと方言で生活しているものですから。ですから、言葉が発せられないというのは、自分の中に閉じこもってしまう。人との会話ができにくくなってしまいます。

「キミはミキサーは無理だ」

――それで大阪の生コン会社に就職するんですね。

武建一　そうです。大阪の西梅田に三黄《さんおう》通運という会社があります。5階建のビルですが、今見たらすごい小さいビルなんですが、当時はすごいビルだなあと思いました。そこに入って、谷口さんという今は引退されていますが、人事部長の面接を受けました。

今、私の身長は165センチですが、あの当時は160センチあるかないかだったんです。ですから、人事部の人が「キミは、ミキサーの運転手はまだ無理だなー」と言うんです。友だちの永井君と私は、ミキサーを希望したのですが。

なぜ、ミキサーを希望したかと言いますと、ミキサーは荷物の上げ降ろしがないんですよ。他のトラックは、当時はすべて人力ですね。今はリフトがありますが。

しかし、ミキサーは無理だ、しばらく平ボテ車による袋セメント運搬の助手として働きなさい、ということになったんです。それで、そこに40日間ほどいた。ところが、今でもそうですが、セメントが作られて袋セメントになるんですが、これは焼きたての熱いセメント。すごく熱いんです。この熱い1袋60キロのセメントを三つぐらい担ぐ、一度に。防空ズキンみたいなものを被って担ぐんですが、顔がヤケドをする。そういう仕事を40日間やりましたが、これはまいったなーと思いましたね。しかも、4月に入り、5月になって、ますます暑くなってきます。これはもたんなーと思いましたね。

それで、永井君と2人、強く希望をして5月に今の新淀生コンと言っていますが、当時の共同組の佃営業所のミキサー運転手として配属になったわけです。

１９６０年代のミキサー車

当時のミキサーというのは、ブレーキーは利かないし、アクセルもクラッチも石みたいだし、ハンドルも固くて、今では想像もつかないですね。入社したとき、谷口さんが「あんた、無理です」と言ったんですが、それほど厳しいものだった。今は片手でハンドルを廻せますし、ブレーキもエアーブレーキなんですが。しかも、当時のミキサー車は、冷房も暖房もない。夏は暑くて冬は寒い。おまけに、体全部を使って運転しなけりゃいけない。それで長時間の労働です。

生コンの長時間労働

――当時、どのくらいの長時間労働でしたか？

武建一　大阪の生コン労働者の労働条件は、それはきつかったですね。それこそ、休みは正月3日しかなかったんですから。しかも、所定の労働時間が1カ月210時間です。プラス月の残業時間が300時間以上もありました。330時間以上残業があった人もいます。私も残業だけで250時間働いていました。

当時は若かったから、2~3時間睡眠を取ったらすぐ回復しますから。厳しかったけど、田舎での労働に比べたら私自身は、それほど厳しいとは思っていなかった。だから、先ほども言いましたように私は、労働環境が劣悪だから、労働運動に参加したというのではないのです。

当時の生コン労働者は、四国・九州などから募集していました。もう一つは自衛隊出身者ですね。この三つのところから労働者は供給されていた。つまり、従順な人、団結させない、会社に労働組合を作ることをしない人。田舎の青年は労働組合は作らないでしょう。自衛隊出身は、どちらかというと思想的には右翼的な人が多いでしょう。そこは安全弁として入れるということです。

しかし、皮肉なことに、労働組合を一番最初に作ったのは自衛隊出身者です。勝又十九二という人です。

「勝又学校」で社会を学ぶ

――武さんはこれ以降、労働運動のリーダーになるわけですが、この最初に出会った人が勝又十九二さんなんですか？

武建一　そうです。私的な理由で出会ったのが、勝又十九二さんです。この人は北海道出身で、年齢は私より5～6歳ぐらい上です。この人は当時、ソ連アカデミーから発行されていた『経済学教科書』というのがあったんですが、それをどこから手に入れたのか分かりませんが、私に「これを読め」と言って勧めてきたんです。読んでもさっぱり分かりませんでしたね。

――勝又さんのいた寮が、「勝又学校」というような形になっていたんですね。この方は、武さんに経済闘争だけでなく、政治闘争・思想闘争をやらない限り、強い労働組合にはならないことを教えられたんですね。この方が、当時の『経済学教科書』や『賃労働と資本』などを学習させるというのは、相当の勉強をされていると思いますが、日本共産党員だったんですか？

武建一　いや、彼は共産党員ではなかった。どういう経路から来たんですかね。彼は労働組合をまともにしようということで、会社から解雇された。なぜかと言いますと、当時の組合長は、会社の工場長が組合長ですからね。会社、官製の労働組合です。要するに、会社の都合の良い組合、御用組合ですね。

その御用組合を改革しよう、ということで起ち上がったのが勝又十九二さんです。その企業内組合のときに、対立候補として立候補したら彼が当選した。しかし、その彼の当選に対して会社側は、猛烈な切り崩し攻撃をかけてきたのです。

これは、大阪に酒梅組というヤクザがありますが、このヤクザを運行管理者と称して職場に雇い入れて、労働者を脅したり、会社側の人を中心に第2組合作りをしたりしました。

それでどうしたかと言いますと、当時の同盟系の労働組合に相談に行った。何も分からない人たちばかりですから。でも、何カ月も経たないうちに、当時の総評系の全自運（全国自動車運輸労働組合）というところに代わった。この全自運というのが、日本共産党の指導の強いところだった。それで、日本共産党の指導に従う労働組合に加入したわけです。しかし、日本共産党は、勝又十九二さんと路線が合わない、ということになったのです。結局、日本共産党は、事実上、会社側と一緒になって勝又さんを追い出したのです。

──その解雇のときにも、日本共産党は介在しているんですか？

武建一　深く介在しているのかどうか、それは分かりませんが、とにかく全自運に入りました。その全自運が、勝又さんの解雇を支持する態度をとったことは驚きです。そして、全自運がまともな組合としてスタートしたときに、勝又さんは解雇になりました。彼の解雇は、1963年（昭和38年）です。私が生コンに入って2年後です。

解雇になったときに、会社が彼に対してピケを張って、工場内に入らせないということをしたんですが、そのときに私は憤激して、労働組合に関心を持つようになった。そうしますと、組合の中で、勝又支持派と不支持派ができるんです。不支持派は、結局、日本共産党がリードしているんですが、私は当時は日本共産党には入っていないので、そんな道理のない、そんな不正義の解雇をどうして認めるんだ、という立場です。どちらかというと、解雇に賛成するような立場の幹部は、日本共産党の影響力の強いものと、もう一つは、会社の影響の強いもの、この両方が今考えると必然ですが、勝又さんを排斥するという立場ですね。

私は、勝又派の優等生の1人でしたね。勝又さんには、組合の役員になる前から色々と教えてもらったんです。そのときはまったく意識はないんですが。でも、色々本を読んだりしてちんぷんかんぷんですが、あの人は一生懸命勧める。そして、「勝又学校」と言われるものが出きていたんですね。新谷とか泉谷とか名前がでるような人は、「勝又学校」の人たちです。

だけど会社の方は、「勝又十九二というのは特別な人間である、会社を潰す人間である」というレッテルを張るわけです。また、日本共産党の方も、「勝又十九二は独善主義である」と、「したがって、彼の解雇には無理からぬものがある」という主張だった。そういう状態の中で私たちは、勝又十九二という個人に対しての認識はほとんどないままに、ずっと揺れさせせられるわけですよ。

しかし私どもは、一貫して解雇はけしからんという態度をとるわけです。ところが、そうしているうちに会社側の人間が第2組合を作るのです。それでもあきたらず、第3組合も作るのです。そうして、組合が五つにもなりましたね。ちょうどそのころ、１９６３年（昭和38年）の解雇のときから、１９６４年（昭和39年）には、私は教宣部長になったりしています。

低賃金と長時間労働

──その組合の話に入る前に、当時の佃にも典型的な、武さん自身も２５０時間労働をさせられているような、あるいは「ふくろう」と言われるほどの奴隷労働の中で、労働者が人間性を奪われていくという、このあたりの実態というのをお聞きしたいのですが。

武建一　当時、私は、その奴隷労働をそれほど厳しいとは思っていなかった。ですけど、解雇事件をきっかけにして「異議申立」をするわけです。そうしますと、会社の方からものすごく評価されていた私が、あいつも会社を潰す人間だ、とレッテルを張られるわけです。レッテルを張られて、会社側が私に攻撃をしてくる。だから、攻撃がかかってきて初めて、今の労働条件を振り返ってみて考えたら、俺たちの労働条件はひどいと思った。

その当時は、職制がいましたから、車に荷物を積んでわずか2時間か2時間半仮眠をして、「はい順番が来たからすぐに走りなさい」という状態です。とにかく、寝かしてくれないんです。しかも仮眠設備は、起きたら立っておれないような「タコ部屋」です。蚕棚みたいな2段ベッドがありました。そこで、番号をつけられている、この人は何時に寝た、あの人は何時に寝たと。

そして、2時間半ぐらい経つと、枕元でバケツをバーンとやられ、たたき起こされて、荷物を積んでさあ走れ、となる。当時の社長や職制は、「生コンというのは、工事に合わせて運ぶのが仕事」というセリフをよく口にしていましたね。つまり、現場にコンクリートを流し込む時間に、われわれも車を送り込む。それが早すぎると、ミキサー車が遊ぶことになってしまいますし、待ち時間をなくすために出荷も時間を調整して行うというものです。労働基準法などは守られず、労働時間は何の規制もなく、早朝から深夜までの繰り返しで、それに合わせて生コンを運び続けるのです。

ですから、一番最初のわれわれのスローガンは、「低賃金は長時間労働を生み、長時間労働は低賃金を生む」と。つまり、賃金が低ければ低いほど長時間の残業をする。長時間労働になるから、できるだけ自主規制、残業を少なくしようではないか、これが最大のスローガンだったんです。

——そのときの武さんの給料は、いくらぐらいだったのですか？

武建一　確か、1回走って50円ぐらいのシステムでしたから、本給は1万8000円から2万1000円前後ではなかったでしょうか。そして、長時間の労働（残業）になると、4万5000円から5万円前後ぐらいになりました。1カ月で3カ月分ぐらいの仕事をするわけですからね。

当時は生コン運転手は、「腰かけ」と言われていました。こんなきつい労働は、若いときは勤まるけどね。一定程度勤めたら、生コンでは観光バスに行くとか、私鉄バスに行くとか転職をする。バスの運転手は、ネクタイ締めて格好いいですからね。そのための「腰かけ」だった。

生コンの運転手は、当時流行っていた「神風トラック」みたいなものです。いわゆる「暴走族」のようなものです。ミキサー運転手も1回走って「50円」という制度でしたから、他の車を追い越して走るわけです。市電の反対車線を走ったりして暴走行為を繰り返さなければ、収入が減るわけです。しかも、その当時は「指定食堂」というのがありまして、そこで食べたら帳面につけて月払いなんですよ。そこでね、酒を飲む人は運転中に平気で酒を飲むんですよ。冷房もきかない、暖房もきかないということなので、冬は酒を飲んで体を温めるんです。運転席で、一升瓶を飲みながら運転する人もいましたね。まー、のどかな時代といえばのどかな時代ですね。

——この1カ月の給料のうち、田舎のお母さんにはいくらぐらい仕送りをしていたのですか？

武建一　そうですね。手取りの3分2ぐらいは送っていましたね。妹は、私の仕送りで高校に行きました。また、妹のあとのきょうだいも、高校に行くことができたのです。もちろん、世の中の流れもいくらか裕福になって、相当の人たちが高校に行くようになったということもあります。

支部結成に至る生コン共闘会議

——当時の関生支部を作っていく前のことですが、企業閉鎖が起こって解雇された人たちが食えなくなって、行商をやったりしていますね。

武建一　それは1964年（昭和39年）のことですね。その当時、大阪生コン共闘会議というのがあった。生コン共闘会議というのは、当時の三生佃支部、三生千島支部、関扇運輸というアサノの下請けの運送会社ですが、これが淀川と津守と京都にあった。それから東海運という当時の小野田セメントの下請けの運送会社なんですが、これが京都と大阪にあった。また、近畿生コンというのが、堺と西宮と梅田にあった。こういうところが中心になって、共闘会議を組織していたんですね。この共闘会議の中心組織が関扇運輸という職場です。

その職場が一番戦闘的でね。残業規制をして、固定給の引き上げを中心にするとか、先陣をきっていた。つまり、関西の生コン労働運動の、最先端の闘いが行われていた。当時資本は、裏で一緒になってここを潰すことによって、大阪の生コン共闘会議そのものを潰そうとしたのです。

ですから、最初、幹部を解雇する、それと闘う組合幹部を刑事弾圧する。それでも潰れないので、関扇運輸という会社を丸ごと潰してしまうという行動に出たんです。それから、淀川と津守の両工場を閉鎖してしまう。いわばメーカーの言いなりになって、当時の日本セメント大阪アサノ生コンの下請けの関扇運輸、社長は上田清太郎というのですが、結局、企業丸ごと潰されたんです。

全自運大阪
生コン共斗
NO11
個人加盟労組
阪神地区生コン支部結成準備進む

支部結成準備を知らせる生コン共闘

そして、この人は自殺するんです。JRで投身自殺です。その人の遺書の中に、メーカーの言いなりになった結果、こういうことになってしまったが、「残念で、残念でたまらん」ということを書いていた。つまり、組合を潰すためだったら手段は選ばない、というのが関扇運輸闘争なんです。

この闘争は、会社がそういう形でなくなっ

たものですから、結果的に日本セメント大阪アサノのメーカー側に責任追及する以外にない、ということになったわけです。この闘争を支えるために、われわれは当時のお金で、1カ月500円を継続的にカンパしたわけです。当時の500円はたいした額ですよ。これは、生コン労働者の1時間分の賃金です。もちろん、当該の組合は、この長期の闘争を維持するために、失業保険、アルバイトの完全プール制、生活保護など財政面の自立を確立して闘いました（1969年10月、足かけ6年に及ぶ勝利）。

――支部の年史には、この1カ月500円のカンパを決めるのに、相当大変だったと書かれていますが、どのようなふんいきだったのでしょうか？

武建一　腰かけで出稼ぎに来ている人たちが、500円を出すのは相当大変だったですね。思想闘争というのは大げさですが、相当の意識改革でしたね。しかも、その当時は、労働組合が残業規制しますと、「それじゃ、俺たちの稼ぎが少なくなるんじゃないか」という反対意見も結構あるわけです。とりあえず残業をして、収入を多く得たいという中で、とにかく500円を出すということは、大変なことです。

――今、そこのところを特に関心をもってお聞きしていますのは、その後の生コン共闘会議の中から、統一司令部を作ろうということで支部ができていきますが、その支部ができていくときの魂というか精神は、この関扇運輸闘争をくぐっていく中で創られたある種の団結力に、原点があるような気がするからです。

武建一　そうです。関扇運輸は、企業内組合だったんです。企業別組合の共闘会議を作る、その共闘会議の支援をする場合も、関心の薄いところはなかなか５００円カンパも応じてくれない。つまり、各職場の事情を先に言って、全体に連帯する気持ちが弱かった。一方、会社の方は、すでに「関西生コン輸送協議会」というのを作って、統一司令部というのがあったのです。こちらは、企業別組合の連合体の共闘会議でしょう。これに限界を感じたわけですね。もっと企業の枠を超えた、産業別の個人加盟を原則とした、労働組合を作ろうとなったわけです。これは当時の必要から生まれてきたものです。

その当時からわれわれは、「会社は倒産しても労働組合は存在する」と考えました。今のほとんどの労働組合は、「会社が潰れたら、労働組合も潰れる」と思っています。われわれは42年前から、「会社が潰れても労働組合は残る」という活動をしてきたんです。

われわれは出発点から、まず闘争する場合は、三つのことをやろうと言ってきました。一つは、闘争に当然、責任を持って関わって行かなくてはならない。もう一つは、学習をしようということ。さらにもう一つは、生活を確保しよう、ということです。この三つは、いずれもはずしたらダメだ、と思っています。

闘争と学習と生活確保というのは、一体的に追求しなければいけない、という思想がこの段階で生まれたということです。

労働学校で学ぶ

――というのは、企業倒産と闘う中で、理屈から入るのではなく、労働者が体で覚えていったということなんですか？

武建一　その当時は、日本共産党系の労働学校があって、その労働学校と「歌声」が盛んだった。私たちは、その労働学校で学んだことを今度は自分がチューターになって、一般の組合員に教えるわけです。経済学とか哲学とか言ってね。自分自身がまともに理解していないのにね、それを労働者に教えるんですよ。

この労働学校は、「西淀川労働学校」と言いまして、ここでは経済学、哲学、労働運動を学んでいたんです。仕事が終わって、18時から21時まで通っていました。週に3回ぐらいでしたね。

私が労働学校に行くきっかけは、推されて労働組合の委員長になれ、ということだったので、とにかく勉強しなければとてもやっていけない、と必死だったんです。ですから、本当は重労働の仕事の後で「眠たい」と思うんですが、そんな眠たい気持ちはありませんでしたね。

例えば、哲学の学習をすると、本当にこういう世界があったんだな、と驚きました。それこそ砂に水がしみ入ってゆく感じで、学ぶことに喜びを感じたんです。そして、学んだこと、討論すること、感想に書くこと、さらに自らが人に語り、話していくことで、これらが自分の中で血肉化していきましたね。ただ、読んだり聞くだけでは、自分のものにならないんです。討論する、話す、これは若いときですから、相当早く吸収できましたね。楽しい気持ちの中で勉強していましたから、疲れを知らないんです。

――この「西淀川労働学校」に行こうと思ったのは、自分から探して行ったのですか？

武建一　いや、関係者の紹介ですね。講師は、辻岡さんとか、吉井さんとか、哲学者の森村さんとかいました。生コン共闘会議の仲間たちも、何人か通っていたんです。これは必要に迫られて行くものですから、割り当てではなくて行ったのです。もちろん、授業料などは自分持ちです。

ここは、半年が一つのコースですが、私は2回ほど行きましてね。またそれ以外に、「勤労者通信大学」というのがあったのですが、ここでも勉強しましたね。通信教育ですが、ここでは哲学課程と経済学課程の専門コースと一般コースがありました。私は一般コースです。私にとっては、この学校の影響が非常に大きいですね。当然、これは今につながっています。

この時期は、私は専従ではなかったですから、仕事をしながら学校に行き、仕事をしながら団体交渉もするというような状態でした。団体交渉も、自分の職場の団体交渉だけではないんですからね。自分の仕事を放って、交渉に行く。ということは、自分の給料はもちろん、減ります。また、当然家への仕送りも減ります。厳しい状況だったのです。

私は解雇されるのが1966年ですが、その2年前から活動に専念しています。そのころ、もうすでに収入は3分1以下になっていた。でも、労働学校に行っているうちに、給料のことなんかあんまり考えなくなったんです。もちろん、一定額の仕送りだけはしていましたが。

迷いに迷った日本共産党入党

——1964年に関生支部結成の準備会ができ、65年に関生支部の結成になります。武さんは、その直前の64年に日本共産党に入党していますが、これはどういう経緯なんでしょうか。

武建一　これは当時、関生結成のリーダーだった人で、石井英明という方がおられるんですが、この方は日本共産党員で、全自運の書記局勤務だった。この方は海員組合出身で、海員組合の中で闘争をして、この闘争を継続中のときに書記局員として、日本共産党から派遣されたんです。後にこの方は、「毛沢東一派」として追放されるんです。でもこの人が、当時リーダーだったのです。

この人が、私の日本共産党入党を熱心に勧めてくれました。今でもそうですが、共産党系の強い組合は、主要な組合幹部になる場合、共産党員でなくてはいけない、というのがあるんですよね。関生支部を作るにあたって、共産党の影響の強い組合にするには、委員長になる私をぜひ説得しておかねばならない、ということですね。私が物事をよく分かっていないにしても、若くて、元気で、活力がある男だということだったんでしょう。だから私に、白羽の矢がたったのでしょう。その石井英明さんが中心になって、私以外にも日本共産党に何人かは入りました。

――そうすると、生コン共闘会議で統一司令部を作ろうという準備が始まっているときに、関生の初代委員長にこの若者をしようという形になって、その後に日本共産党のオルグが入ったのですね。そのときの心境は、どうだったんでしょうか。普通、共産党入党というと、大変な決意が必要だと思うんですが。

武建一　田舎の方では、理屈っぽい人は日本共産党だと、アカだと言われますね。ですから、私にとって、日本共産党というのは特別の存在という意識です。共産党員になるということは、今まで生きてきたことを根本的に変えるということですよね。すごい決意です。しかも、今までの常識、資本主義の常識は、非常識という感覚ですからね。資本主義を倒すということですからね。相当腹をくくらねばならないことなんです。だから私は、1回だけのオルグでうんと言ったわけではないんです。何回かのオルグ、迷いに迷った挙げ句、腹をくくったわけです。ですから、私の入党のときの決意は、「党に命を捧げる」という気持ちだったのです。つまり、人民大衆の利益のためだったら命を賭ける、という決意だった。迷いに迷ったんですが、しかし、一旦決意したら私は、自分の生活よりも、人民のために命を捧げる、という気持ちでした。

――入党のときのその決意は、今の若い人には理解しにくいでしょうね。戦後の時代、共産党入党は即国家権力との闘いでしたからね。ところで、その決意したときには、田舎のこと、お母さんのことなどが心に浮かぶと思いますが、それはどうだったのでしょう。

武建一　それは、一生懸命考えて考えて、迷うて迷うて、それで真剣に労働運動をやっていくには革命しかない、という結論に到達したものですから、命を賭けるとなったわけです。ですから、私の入党で田舎のお袋にも情報が流れるわけですから、ずいぶん心配していたようです。そして、入党したら私は、すぐに田舎に、『学習の友』とか『赤旗』を送るわけです、真面目に。そうしたら、送ってこられるだけで迷惑な話なんですね。だから、すごく気をもんでいた感じですね。

妹たちの話によると、ずいぶん心配していたようですが、しかし、共産党を辞めろ、というようなことはなかったですね。

――こうして、コミュニスト・武建一が生まれ、同時に、次の年の１９６５年に関生支部が結成されて関生支部委員長・武建一が生まれるわけですが、この二つのことは非常に重要なことと見ているのですが。

武建一　私が労働学校に行く前は、当時は普通の労働者で、生コン労働というのは腰かけで、こんなきつい労働はいやだ、と思っていた。ところが、労働学校に行きだすと、やはり世の中を広く見る力が出てくるわけです。もっと世の中を解放しなければいけない、よくしなければいけない、と思ってくる。つまり、私にとって、働くこと、労働運動と革命運動は一つのことなんです。

第2章　関西生コン支部の誕生

——戦後革命期の戦闘性が継承された産業別労働組合

産業別組織・関生支部

――さて、これからいよいよ関西生コン支部の創立・結成の過程、そして、その創成期の苦闘をお話いただくことになります。

武建一　生コン支部は、１９６５年10月に産声を挙げているのですが、そのときに企業別組合ではなく産業別労働組合という組織形態を採っていきますが、それには二つの理由がありま す。

一つは、敵の攻撃です。当時、労働組合潰しのために企業を閉鎖し、幹部を解雇する、最後には全員解雇した、関扇運輸闘争というのがありました。この闘争、そして、他の支部もいくつかありましたが、そこに分裂・分断攻撃がかけられる。また賃金をはじめ、全てを差別する。つまり、敵の攻撃が職場の状況に応じて、本格的にかけられていきました。

これは、セメントメーカーの作り上げた統一司令部があって、このような攻撃がかけられたのですが、この攻撃に対して、企業別では有効に闘えないと判断したのです。

もう一つは、すでにお話してきましたが、海員組合のオルグがおられて、その海員組合の産業別労働組合の運動が、もっとも労働者を有効に結集できるという教えがありました。この二つがあって、企業別組合ではなく産業別組合としてスタートしたんです。

――おっしゃっているように、日本の労働組合は企業別組合ですね。特に総評以後は。しかし、戦争直後は産別会議があって、読売争議があるという状況でしたね。ということは、海員組合の中には産業別路線が生きていて、その流れから関生支部結成があったということでしょうか？

武建一　そうです。これは、すでに紹介した海員組合出身の石井英明さんが、生コン支部の指導にあたっていましたから。労働運動の組織形態についても、産業別組織の方が同じ産別に働いているのですから、労働者の結集力がより高いわけですね。そして、企業主義的でなくて、産業全体を見ながら、産業を民主化するとか、産業構造を労働者の都合の良いように作り変えるとか、こういう運動にとっては産業別組織は非常に有効である、という教えだったのです。

――戦後革命期に、産別会議を中心に産業民主化・人民管理という運動が生まれ、これがGHQ（連合国軍最高司令官総司令部）の弾圧と日本共産党の誤った方針もあって、敗北の中で挫折しますが、その持っていた戦闘性が関生の中に受け継がれてきたということでしょうか。

武建一　そう、注入ですね（笑）。

——いや、注入という言葉よくないですから（笑）。石井さんによってもたらされ、受け継がれてきたということですね。日本全体の労働運動は、総評ができて、企業別になって、そして闘えない労働組合になっていきます。私が不思議に思っていたのは、なぜ、関生だけが産業別労働組合を作り上げていったのかということでした。これでその辺がよく分かりました。つまり、戦後のもっとも良質で、戦闘的な労働運動が引き継がれてきた、ということですね。

武建一　日本共産党の中でも、もっとも労働運動に積極的かつ自覚的なオルグが配置されていた、これが幸いでしたね。

ゲバラ、カストロを引用して

——さて、関生支部結成は、５分会１８３名で出発した、ということですね。その結成時に委員長に選ばれた武さんは23歳で、その結成大会ではゲバラ、カストロを引用してあいさつされた、という伝説的な話があるのですが。

武建一　実際はもう42年前の話ですから、どういうあいさつをしたのか忘れています。なぜかと言いますのは、そのときは原稿を読むのに精一杯でしたからね。１００人ちょっとの人の前で話をするのは、初めてのことでしたから。その原稿はもう残っていません。

たぶん、私がこの前、都島（大阪拘置所）に入ったときにゲバラの自叙伝を読んだんですが、カストロとゲバラから引用したとすれば、２人が革命にあたってすごく情熱を持って少数からスタートしながら、自分の命を省みずにキューバのシェラ・マエストラに上陸し、成功までに苦難の道を歩みながら、ついに勝利した、ということに感動して、大会で引用したのではないかと思います。

ですから、私が23歳で委員長になったときの覚悟は、単に労働組合を強くし、大きくするということだけではないんですよ。労働者が主人公たる世の中に変えて行かなくてはならない、そういう意気に燃えていました。ただ、よく物事を分かっていたのではないんです。しかし、そういう意気込みだけは強く持っていましたね。

――この時期は１９６５年ですね。普通の人は、ゲバラなどを読み、感銘を受けるのは、１９６０年代の終わりなのですが、驚いたのは、武さんがゲバラに感銘を受けたのは、これらの時期よりももっと早いですね。キューバ革命の勝利の数年後です。

これは武さんも知らないと思いますが、武さんの故郷・徳之島というのは、緯度でいうとキューバと同じ位置にありますね。同じく島で、ちょうど地球の裏側です。そして、徳之島と同じくキューバ島も、主要な産業はサトウキビだけです。また、武さんもゲバラなども当時は20代。こうしたことに、歴史的な同時代性というものを感じるのですが。

武建一　私がその徳之島という特殊性に影響を受けているとすれば、先ほど生い立ちでも話しましたように、徳之島というのは抑圧された島ですから、抑圧された中でも代々生きている人たち、特に戦後のサンフランシスコ条約体制の下では、経済的にも市民的権利も、すべて本土から置き去りにされているところです。こういうところから出てきますと、とりわけ、仲間同士の連帯というか、温もりを強く感じます。あるいは、人の痛みを放置できない。人の痛みは己の痛みであるという、もっとも抑圧されて生きた人間ほど、人の痛みに気づくのではないかと思いますね。

もう一つは、その当時は日韓条約粉砕闘争が高揚していましてね。さらに、ベトナム戦争への反対運動が広がっていまして、そういう大衆的な盛り上がりに強く影響を受けていました。ですから、学習も一生懸命でした。労働学校で学びながら、しかし、周辺の大衆運動も盛り上がっているときですから、実践と学習は結びつくわけです。したがって、当時の労働運動に参加している人たちは、私だけでなく広く世界や日本をどうしていくか、問題意識をもって臨んでいたのではないのでしょうか。私は、当時の世論の強い影響を受けていましたね。

結成後に解雇

――そういう時代背景の中で、関生支部が結成される。ところが、この結成後1年ちょっとで武さんは解雇されますね（66・10・19）。これも今話された、ベトナム戦争に反対する労働組合のストライキが、解雇理由になっているように思われますが。

武建一　これは当時、ベトナムでアメリカの北爆（北ベトナム爆撃）が本格的に開始され、それに対し総評が10・21の国際反戦デーを提起し、そのときにわれわれの職場では2時間のストライキを決定した。当時でも、ほとんどの労働組合は、ストライキと言っても昼休みにストをうつ、朝にストをうつとか、いわば生産点に打撃を加えるストというのはありませんでした。ところが、われわれは真っ正面から生産点に打撃を加えるストを構え、そして実際、実行したんです。

その実行の前に、当然10・21にストライキをやりますよ、と予告しますね。そうしますと、経営者の方は、「アメリカ帝国主義が戦争をしているのに、会社がその戦争を止める権限も力もないのに、なのにストライキをするのは、責任主体のないところにストライキをするというもので違法だ」という警告があった。この警告があったので、ベトナム人民支援だけではこれはやられてしまう可能性があるというので、当時、仲間が解雇されていた解雇撤回と、ベトナム反戦を結合してストをやったんです。ストライキ自体は成功したのですが、会社側はいきなり、私を含む3名の解雇ですよ。

――これが有名な徳之島のお母さんに「首を切られた」と手紙を送ったら、実際に生首が切られたと思われた事件ですね（笑）。その首切りの後、武さんらは、タクシーや行商などのアルバイトをしながら、生活を支えられた、とお聞きしているのですが、どのくらいこの期間は続いたのですか？

武建一　まず3人が解雇され、そして、数人の仲間が権利停止・賃金カットなどの処分を受けました。特に3人の解雇の中では、川口貞雄さんという方が結婚して子どもがすでに2人ほどいました。また、木村文作という方は、結婚間もない「新婚ホヤホヤ」だった。私は独身です。だから、当時は私たち3人は自活です。組合は結成して間もないですから、闘争資金は一銭もない。そうしますと、生活は自活になります。

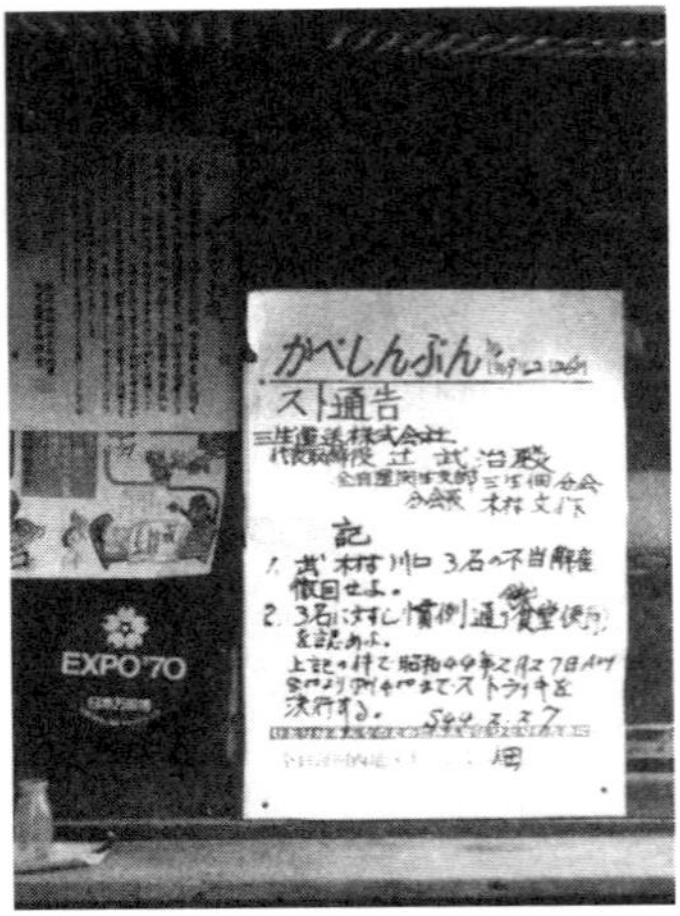

武委員長らの解雇撤回を訴える

こういう中で、３人で議論しまして、三つのことをやろうではないか、と決めたのです。一つは自活闘争にあっては、各人は必要に応じて配分してお金を貰う。つまり、家族を持っている人は、それなりのいくらか数が増えるように最少限度の給料を保障しよう、新婚の人は新婚の人、独身者は独身者ということで、配分を決めました。その自活については、３人が力を合わせて３人の生活に責任を負う。

もう一つは、闘争をきちんとやっていく。そしてもう一つは、学習をやっていく。この三つを三位一体として追求しなければ、闘争を継続することも、仲間の信頼を得ることもできない、闘争を勝利することもできない、と決めたわけです。

だから、私は盆とか正月は、タクシーのバイトです。私は二種免許を持っていますから、幸い、これを活かしたんです。私は生コン支部の活動に加えて、正月と盆だけはアルバイトをしました。川口さんは、ずっとタクシーのアルバイトです。

さらに、各組合への行商もやりました。夏にはソーメン、スルメを売るとか、お茶を各分会に置いて売って貰うとかです。今の国労とかの物販と同じですね。木村文作さんが、地域担当でオルガナイザーしておりましたから、行商をやってもらっていた。川口さんはアルバイト、私は支部の仕事を分担しておりました。

だいたい、当時の独身である私の給料が、７〜８千円ぐらいですかね。３人で一生懸命働いて。というのは、当時、私は住むアパートの家賃が払えなくなって、組合事務所に引っ越ししました。その組合事務所は、会社の角っこにありました。しかし、会社は居住としては貸していないということで反対したものですから、夜中にアパートから引っ越して潜りこんで、そこに解雇が撤回されるまでずっと住み着いていた。そこで自炊していたんです。もちろん、自炊といっても、チキンラーメンぐらいのものですが。1日2食ぐらいしか食事がとれないときもありましたね。

——ということは、この時期は、武さんは徳之島のお母さんのところには仕送りはできていないですね？　妹さんの学費などはどうしたんですか？

武建一　もちろん、仕送りはまったくできなくなりました。解雇されるまでは、仕送りをして妹の学費などを出せていたんですが……。解雇されたとたん、自分の生活そのものが精一杯になったんです。でも、ちょうどこの時期、1966年ですから田舎の方も、何とかとりあえずの収入でやれるようになったころです。ですから、私の他の妹たちは、全部、何とか高校は出たんですが。ただ、妹たちに、大学へ進学するお金が送れなかったのは、今でも残念に思っています。

「不当労働行為のデパート」

――思うのですが、現在の生コン労組で、解雇されてアルバイトで自活しなければならないとか、食うや食わずで闘わなければならないとかの労働者は、１人としていないんですよね。

武建一　今は、優先雇用協定というのがありましてね。アルバイトしようと思ったら、生コンでアルバイトができるわけですね。生コンでアルバイトしますと、月間30万円を超しますから、生活はそこそこできるんです。ところが、１９６６年当時は、資本の力が強かったですから、生コン関係で働くことが許されなかった。ですから、例えばタクシーなどへしか行けなかったんです。しかも、組織として恒常的に支援するような力量がなかったものですから、解雇された人自身の努力でやるしかなかったんです。

その当時の活動家は、別にそういうことをイヤだとは思わなかった、当たり前だと思っていましたね。というか、苦労をすることについて、前線に立って闘うという喜び、誇りまでを持っていましたね。

――ところで、武さんの解雇事件もそうですが、生コン支部結成当時の生コン経営者の労組対策や、組合潰しなどの実状はどうだったのでしょう?

武建一　それはひどいものでしたね。もう、「不当労働行為のデパート」と言われるぐらいひどいものです。これは、セメント資本と子会社・下請けという構図ですよね。なぜ下請けにするか、直系が直接雇用しないかということですが、労働組合対策・労働災害対策という煩わしいことを下請けに振ってしまうということです。もう一つは、コスト削減ですね。

ただ、生コンの場合は、生産して90分以内に現場に納入しないと製品の価値がなくなるものですから、輸送の安定というのが、セメントメーカー自身の販売政策に直結しているんです。安定した輸送を確保する、下請けにしておきながら、実際は下請けの労務管理政策を後から支配する、そういう方式をとっているわけです。

当時の労務政策の特徴は、まず、分裂・分断政策です。一つの事業所に五つも労働組合を作るわけですからね。それに幹部を解雇し、第1組合は賃金差別をする。そして、操業すると警察を入れる、ヤクザを入れる。とにかく、ありとあらゆることをやってきました。特にセメントは石炭がダメになって、石炭に代わる産業として宇部とか三菱とか住友などが入ってきたのですが、そうしますと、過去に炭労(炭坑労働組合)出身の人とか、つまり、労務のプロという人がどんどん派遣されてくるわけです。その人たちの指揮の下で、想像を絶するような攻撃がありました。

ですから、この時期はよほど使命感というか、信念がなかったら闘えませんでしたね。と言いますのは、闘っても闘っても、勝利の見通しはつかないんです。大きな力だけは強く働いているんです。それでも、当時の仲間はまったく元気でしたね。へこたれることはなかったんです。

――今話されたすごい労務政策の中で、武さんら3人の解雇の方は、どうなったのでしょうか？

武建一　はい。その解雇事件については、まず会社側は裁判で負けるわけです。しかし、裁判で負けて賃金は払うけれども、現職復帰させない。これがあちこちでやられていました。私の場合もそうです。賃金といっても、残業していないわけですから賃金は低いですよね。この低い賃金を払いながら、なかなか会社は現職復帰を認めないんです。

そこでわれわれがやったのは、こういうことです。生コンの場合は、へんぴなところに工場が建って、そのうち、住民がどんどん周辺に進出してきて住宅ができます。そこで生コン工場は、騒音問題を含めて、住民の迷惑につながるような存在になってきます。私がいた佃という工場も、そういう住民に囲まれたところに工場があった。

だから、「職場では解雇し、裁判に負けているにもかかわらず、賃金だけを払って現職に復帰させない、住民に対しては粉塵騒音で迷惑をかけている、こういう会社は社会的に認めるわけにはいかない」という宣伝を、住民に対して徹底してキャンペーンしたのです。これは、相当の効果がありましたね。住民と共闘して公害企業を追放しよう、ということだったんですから。

ですから、住民と共闘したということ、そして関生支部も裁判で勝ったということで勢いずいていますから、関生の他の分会の人たちも連帯して、解雇撤回をしようということになり、そういう両面がうまくいって現職復帰が実現するわけです。

——としますと、このときは職場に戻ったわけですね。

武建一　戻りました。ただ、その当時から、会社が「過激派」として私をマークしているのは分かるのですが、日本共産党の連中も私を「過激派」としてマークというか、注目しているんです。もちろん、このときは日本共産党には入党していた。つまり、日本共産党からすると、行き過ぎということだったんでしょう。私からすると、当たり前のことをやっていただけですが。結局、勢いがついてきますと、一気に事態を変えることは可能だということが明らかになりました。

この解雇撤回は、1970年1月でしたが、この闘いは関生がその後の運動に大きな弾みをつける勝利であったと言えます。

こういう経験からすると、例えば、今、国労が1047名の解雇撤回闘争を闘っています。もちろん、私は、この国労の闘争を支持していますが、ちょっとこの国労の闘いに疑問を感じ

武委員長ら３名の解雇撤回裁判の勝利（１９６９年９月）

るのは、われわれの場合、解雇撤回だけを前面に出すのではなく、他の地域の仲間たちの解雇闘争に連帯していくということ（この当時も全国一般などの解雇事件があったのですが）、自らの解雇撤回闘争を結合して闘う。つまり、自分のところだけを助けてくれ、という意識ではないんです。一緒にやろう、ということなんです。

もちろん、国労も北海道とか、九州とかで自活闘争をやりながら闘っていますが、全体を見ると、地域の、あるいは労働運動で困難を余儀なくされている人たちの闘いと、どう連帯していくかという方針がないように思えます。ですから、自分らのことも大事であるが、困難を余儀なくされている人たちと一緒に闘うことが勝利につながるんだ、という闘いが必要なのではないのでしょうか。堂々と、支援とか支援されるという関係を乗り越えて、闘ってほしいと思いますね。

創成期の三大闘争と困難

——関生労働運動は、結局、この創成期の数年の解雇撤回闘争、そして、関生の初期の三大闘争と言われる三生佃・関扇・大豊運輸などの闘いを経て、ようやく労働組合としての路線が決まっていくと思います。しかし、これらの闘いの中では、さまざまな困難があったように思いますが。

武建一　正確に言いますと、1965年から70年の解雇撤回までが、相当の困難を余儀なくされた時期です。しかもこれは、解雇は裁判で勝利しましたが、弁護士は負ける可能性があると言っていました。なぜかというと、国際反戦デーのストという内容が強いものでしたから、政治ストライキが今の法制度の中で認められるか、という不安があった。そうしますと、負けて不幸にしてさらに困難をよんだ場合、その状況を克服するにはどうするのか。これを打開するには、その間に活動家をたくさん作っていく必要があると考えたわけです。

したがって、私たちはこの間、活動家を作るのに必死でした。当時でいえば、共産党員を増やすということだったのですが。ですから、われわれの方としては、仮に裁判が負けたとしても何でもない状況を作っていったということです。

しかし、闘っても闘っても成果が出ないということを繰り返してきて、結果として裁判が勝って、これが一つの大きな流れになりました。ですが、いきなり流れは変わらないんです。流れを変えるまでは、一定の時間が必要だった。当時は、組合員になるまでは相当勇気のいることだったんです。差別されたりするのは、当然だった。解雇される場合もありますからね。アカ攻撃も盛んに行われました。とにかく、アカ＝共産党員は、自分の息子に至るまで就職できないことが何年も続くんだという脅しをするものですから、これは結構、利きました。

一緒に仲間と組合をやりたいけど、親の説得があったり、子どもがいくらか成長した人は脱退し、第2組合・第3組合に走ったりしましたね。だから、当時の組合は、すごく少数に転落したんです。私の職場では、70名いた組合員が13名まで落ちました。しかし、13名まで落ち込んだのですが、これらの人たちは全然悲観はしなかった。会社のやり方は、必ず矛盾を作っていく、こういう確信がありましたね。これは学習の成果でしょうか。

第2・第3組合も、会社との対立・矛盾が発生するから、そのときはわれわれのチャンスが訪れる、という問題意識を持っていましたからね。

転換の1972年

武建一　この中では、第3組合に流れた人で、パートで清掃などの仕事をしていた女性がいました。会社側は、まずこの人を解雇してきました。第3組合は、抵抗力がないものですから、われわれはこのパートの人の解雇は不当だと取り組みました。署名運動をしたり、そして、実際にそのためのストライキをやりました。結果的にわれわれは、解雇を撤回させてしまったのです。この人の子どもが関生におりまして、現在分会の役員をやっているのですが、そのときのことを覚えていて、「うちのお母ちゃんのときは、大変お世話になりました」と、今でも言うんですよ。

そして、その解雇撤回闘争の勝利がきっかけになって、第3組合が第1組合に合流し、第2組合の方もだんだん力をなくしていくんです。

また、1972年には、小野田セメントの下請けで東海運という分会があったのですが、ここでは、組合員がわずか数名にまで追い込まれていたんです。この数名のわが組合員は、それこそコンベアの下の一番汚いところですが、そういう小屋に押し込まれて、当時の生コン産労の労働組合が会社と一体になって、休憩所には出入りさせない、食堂には出入りさせない、という隔離する部屋として作られていた。しかし、1972年の春闘のときに、実力で解放しようというストライキをかけ、ピケを張って、その数名を解放するという闘いをやった。これがきっかけになって、同盟と会社の力による労働者の権利抑圧を、完全にうち破ったんですね。この1972年の闘争が、1973年の大闘争につながっていきました。

体を張った実力闘争

――当時の闘いについて、他に印象に残っている闘いはありませんか?

武建一　当時の労務政策は、東京から支店長が来て団体交渉をするでしょう。まず、第2組合に先に回答を出す。われわれ第1組合には、報告だけをする。「不誠実団交」は、当たり前ですね。しかも、それを追及しますと、目の前で鉛筆を削りながら「それは見解の相違です」と言うわけ。悔しくて悔しくてたまりませんでした。要するに、われわれを舐めていたんです。ですから、1972年の東海運闘争の勝利は大きかった。

当時は、同盟系労働者の幹部のために、「富士学校」というのがあったんです。反共の指導教育のための学校です。そこで教育されているから、彼らは戦闘的です。ここで教育された若い人は、暴力で支配しようとするんです。

関生の実力闘争（大城陽生コン闘争）

それに対して、われわれも実力で対抗する。ミキサー車のタイヤの下に潜りこんで、闘う。こちらは、死んでもいいという気持ちで闘っていた。車の前に立ちはだかるだけではなく、潜りこんで、車輪の中に体を投げ出すんです。「オレを轢《ひ》いていけ！」と。人を轢いてまでは前には行けません。これぐらい当時の労働者は、怒りが凄かったんです。韓国では、焼身自殺する闘いがありましたが、それぐらいの思いがありましたね。

こういう中で、徐々に徐々に陣地を確保していき、不当なことは通用しなくなっていきます。

——こういう戦闘的闘い・実力闘争は、武さんたちの生コン支部だけですか？　当時の他の日本共産党系の労働運動ではどうだったのでしょうか？

武建一　当時の日本共産党の他の組合は、企業別ですからね。方針は産業別を掲げているんですが、やっていることは企業内組合の労使関係と同じです。ですから、当時は社会党などの人たちでも、日本共産党系にしてはようやるなー、というものを持っていたそうです。当時、日本共産党はダメになっているのに、やっているわれわれは日本共産党がダメになっているとは思わない、日本共産党は革命を目指している、と信じ込んでいましたから。共産党だからこの闘いができる、と思っていました。

集団交渉の実現

——こういう闘いの中で、1973年に関生の副分会長であった植月一則さんの刺殺事件が発生するんですね。

武建一　その前に、1972年の勝利があって、73年に16社の集団交渉が実現します。これは、非常に画期的なことでしてね。最初から、統一要求・統一交渉・統一妥結・統一行動を目指していましたから。一堂に会して集団交渉が行われることは、関生の結成のときに掲げたものができ上がったということになります。

これには会社側は、すんなりとは応じてこなかったのです。特に小野田系と三菱系は集団交渉には応じられないと。その理由は、会社はそれぞれ歴史も違うし、規模も違う、賃金形態も違う、ということです。したがって、一緒にやるのは相成らん、と。

彼らは、集団交渉をすると労働者の横のつながりがいっそう深まっていく、労働者の集中力・闘争力がいっそう高まっていく、これを認めたくないから反対したのですが、われわれはそれに対して、参加しなければストライキをする、と宣言した。つまり、集団交渉は、実力によって実現したんです。

結局、彼らは、集団交渉は好まないけれども、それに参加しなければ被害が大きすぎるということで参加しました。

そして、集団交渉が実現したことによって、集団交渉で賃金が決まるでしょう。そうすると、企業の大小とか、歴史とか、賃金形態とか関係なしに一律に回答が出るわけです。しかも、そのとき1万5000円以上の回答が出た。こういうのは、未組織の人たちに大きな影響を及ぼすわけです。集団で動く、しかもわれわれの労働組合は、少数であっても束になって動く、となったわけです。

こういうところから、暴力支配と言われていた労働者の職場も影響を受けるんです。この中に、淀川生コンというのがあったのですが、ここにわれわれの労働組合ができた。そうすると、そこに関係していたイ・イ連合というヤクザ組織が、私を殺してしまう、白い着物を着せてやるということで、世の中で囁《ささや》かれたのは、３千万ほどを出してアイツを殺してしまえ、というウワサをすっと流したんです。

ちょうど、このようなウワサが流されていたときに、植月一則という片岡運輸で働いていた副分会長が、山口組の加茂田組傘下の者らに拉致・監禁され、殺害されるのです。これは三井財閥の下請けの片岡運輸の副分会長です。

これは当時、社会に大きく取り上げられて、私を殺すという話は、ポツンと消えてしまいました。

植月一則さんの刺殺事件

――労働運動の過程でヤクザに殺されるということは、日本の労働運動でもほとんど例がない事態ですが、こういう状況の中で、殺された植月さんのご家族とか、労働者の意識とかはどうなっていくのでしょうか。

武建一　まず、殺したのは、一般同盟という労働組合の幹部と会社とがグルになって、ヤクザを使ってやったわけです。植月さんの家族は、もちろんおられたわけですが、当時、それぞれカンパを出し、家族をいくらか支えようとしました。それがきっかけで、「植月賞」というのができました。
これは当時の全自運、後の建交労（全日本建設交運一般労働組合）ですが、その中に権利侵害への反対闘争、あるいは、組織拡大に貢献した支部を讃えるための、「植月賞」というのを作ったのです。また、被害に遭った人に対しては、組合がお子さんがおられる場合は、恒常的にカンパのできる組織を作ろうというきっかけになりました。

――この時代は、まさに激動の闘いのときで、着実に勝利の基礎を築いて行かれたと思うのですが、関生の歴史の中でももっとも「劇的」なときでしたね。

武建一　そうですね。１９７３年は、私に対する殺人依頼事件があり、植月さんの殺害事件があり、集団交渉があり、つまり、われわれの運動が一気に盛り上がったときですね。このときに日々雇用を本勤に求める闘争として、大進闘争があるわけです。それから、背景資本に対する責任追及として大豊闘争があるし、宇部闘争があります。いわば、１９７３年というのは、闘争に次ぐ闘争、闘争に明け暮れた時代ですね。

だいたい、三菱・宇部・大阪セメント・住友・小野田など、関西の大手のすべてで紛争があった。関生からいうと、怒濤のような進撃に次ぐ進撃ということになりますが。

普通でしたら、一つの成果が出たらやれやれという感じなんですが、全然やれやれという気持ちになりません。日々雇用を本勤にする、背景資本の責任を追及する、しかも、背景資本の場合は、下請けの運送会社の運賃を上げさせるということもやりました。不当労働行為に対する責任の追及、これも背景資本ですが、これらの闘いが限りなく広がっていったのが1973年です。

反転攻勢と「全自軍」

――一般的に言いますと、こういう怒濤の進撃をやりますと、後がついてこないというのが実情ですが、関生の場合はどうでしたか？

武建一　そうですね。会社の仕事などは組合から「緊急動員」というのがかかると、仕事を放り出して駆けつけるわけです。これも、1973年の一つの闘争を例として挙げます。

この時期でしたか、宇部は、一級の役員を送り込んでくるわけです。当時では、岸信介と懇意にしていた中安さんという社長がですね、社長秘書だったり、東大出だったりのプロをね。しかし、われわれに対しては、そのようなプロも太刀打ちできないわけです。これでどうにもならなくなり、ヤクザを使ってくるんです。酒梅組というヤクザが今でも大阪にありますが、この酒梅組ですね。あるいは、あとに陰の内閣と言われた、田中裕さんという人も送り込んできたんです。

このときですが私は、神戸のあるところで交渉していた。そうすると、ヤクザを大量に桜島の本店の方に連れてきて、田中さんが乗り込んできたということがあったんです。そして、田中さんは、日々雇用の労働者をその日のうちに解雇する。今までみたいにストライキをうつと、会社はおとなしくない、ピケ破りをする。つまり、会社側は完全に支配権を握って、不当労働行為を正当化するために見せしめ的にやってくるわけです。第1組合に対して、見せしめ的に暴力的にピケ破りをするわけです。

この事態を職場の組合員は経験していないわけですから、当然、躊躇《ちゅうちょ》しているわけです。関生から行った役員さえも、この事態を経験していないわけです。会社の幹部と一生懸命に交渉しているわけです。話し合いをしているわけです。しかし、会社側は、そんな話し合いをする意思はない。

私が神戸から車で駆けつけると、案の定、従来と違うことをやられているわけです。異様な雰囲気でしたね。相手は、会社の管理職から全部がヘルメットをかぶり、実力でピケをしているわけですから。

私はこれを見て、あんな連中と話しても意味がない、まず鉄筋をだんどりしてくれ、と言ったんです。テストピースと言いますが、試験用のコンクリを準備してもらって、二カ所の出入口のうち、一カ所では、そのコンクリを積み上げてピケを張れ、車が実際に出入するところはそのブロックを持って行って、車が出てきたらそれを放り込め、何もモノを言う必要はないと、やったんです。車は荷物を積んでいますから、テストピースを乗り越えることはできないわけです。そうすると、向こうは大きなショベルカーを持ってきて、突っ込んでくるわけです。でも、われわれは、これを両方から行って、運転手を引きずり降ろしました。こうなると、相手は戦力消失です。

私は、闘争では一つのヤマというのが、必ずあると思っているんです。相手は普通の状態でやっているわけでしょう。まさか、われわれが一気に来るとは思っていないわけです。相手は一気に戦力喪失です。ヤクザも、第2組合の連中も、まるでやる気を失ってしまった。社長は逃げて、社長室に内側からカギをかけて閉じこもるんです。ヤクザなどは、われわれの緊急動員の膨れあがった労働者たちで、1人ひとり捕まえて追及しました、20数人もいましたが。連中もこんなところではやっておれん、と言って引き上げてしまいましたね。

そして、われわれは、社長室のカギを破って社長室に入り、「謝罪しなさい、解雇を撤回しなさい」と迫りました。そうすると社長は、「謝罪します、解雇は撤回します」と一挙に勝利へ持ちこんだんです。

――そういう闘いをするこの時期の関生を称して、「全自軍」と言われたのですね。

武建一　そう言われてましたね。大事なのは、この勝利があって反転攻勢が始まったのです。あとに田中さんは、生コン業界の内閣みたいな存在になるのですが、この人は、われわれに対して「脅威」を感じているんですね。ですから、業界の中心になっても労働組合を足蹴にするとか、労働組合を単に利用だけしたのでは、業界はうまくやっていけないと思っている。いわば、今話した闘争の影響を受けてきたんです。どちらかというと、セメントメーカーの人たちに対して、労働組合を有効に活用して下請けなどに対等に話ができる、こういうことになっていくんです。

この宇部闘争というのは、労働者がどんな時期に力を一気に発揮すべきなのかという、つまり、状況判断をして、何をなすべきかということを示した闘いであったと思います。逆に言いますと、この状況判断などが間違っていたら、敗北感が強くなっていくのだと思いますね。

その後、関生はさまざまな闘争をやるのですが、この闘いがあって組合員は執行部の言うことを聞いたら、どんな闘争も勝利できる、という確信を得たんではないかと思いますね。

この後のエピソードですが、会社側は、「給料を出しているのは組合ではなくて会社やぞ」と言うのですが、組合員側は「何を言うてんねん。われわれは関生支部に結集して、良い給料を貰ってんねん」という答えでした。つまり、帰属意識とよく言うのですが、闘争の中で関生支部に対する、いい意味での帰属意識が生まれてきたと思いますね。

度重なる委員長殺害計画

――関生の資本との攻防では、先の植月さんの殺害事件以外にも1982年の野村雅明氏刺殺事件、そして、武さん自身への殺害計画など、大変な事態が続出していますが、どういう経過でこのような事件が発生したのですか？

武建一　まず、1981年に私を拉致・監禁し、溺死体にするという事件があった。これに関連した会社の名前を出すのは差し控えます。というのは、当時と違ってこの会社は現在、反省して健全になっているからです。

この事件は、4社が1千万ずつカネを出して、当時の山口組の有力な組員・松本勝美さんに依頼したという事件です。この松本さんは、もう亡くなっているので名前を出してもかまいません。この事件で私が助かったのは、同じ徳之島出身の山口組の佐々木道夫さんという方が、私を拉致・監禁するよりも話し合いをした方が良い、と仲介してくれたおかげです。しかし、このときも一歩間違えば殺されるところでした。

実は、この佐々木さんには、1979年にも助けられています。このときはまさしく、殺される寸前にまでいった。

監禁・暴力事件を弾劾する武書記長

この79年の事件のときは、監禁されて殴る、蹴る、ウイスキーをボトルごと無理矢理飲まされる、ということで、顔は腫《は》れ上がってしまいましたね。それから、猿ぐつわをされ、逆エビで縛り上げられ、車のトランクに放り込まれた。そして、そのまま車は、六甲山の山中に行ったんです。この山中には、あとで聞くと、2メートルほどの穴を掘って待っていたそうです。

いやー、あのときはさすがに生きた心地がしなかったね。トランクに逆エビで押し込まれているでしょう。怖いのは、車がバックするときです。というのは、車ごと海の中に放り込まれるのではないか、と思ってしまう。一晩で1年は、年を取ったのではないかという感じです。

いわば、一気に殺されるのは、あまり恐怖

感は感じないんですが、生きたまま水の中に放り込まれるのではないか、というのは大変です。こういうときは、結構、想像力が働くんです。

――聞いているだけで、ゾッとするような大変な状況ですね。それでお聞きしにくいのですが、そういうときは家族のこと、組合のことなど、色々とその想像力が働くのではないんでしょうか？

武建一　私ね。その前の年にイタリアの労働組合を訪ねたんです。そのとき着ていた上着にイタリアの労働組合のバッジをつけていたのです。考えたのは、何とかこのバッジを残して殺害の証拠にできないのか、ということでした。つまり、犬死みたいに消されるのは情けない、何とかしてそのバッジを落として証拠として残す、これを必死にやったんです。

それから、車へ4～5人で担がれて行きましたが、このとき抵抗しても体力を消耗するだけですから、トランクの中で、何とかして自力で脱出できないかと、必死に考えた。つまり、生きる方法はないのか、あるいは、もし最悪の場合、殺されても何とか証拠を残したい、ということでしたね。これが精一杯です。

普通、殺される直前では、家族のことなどを考えるというのですが、実際に直前まで行ったときには、どうして生き残るか、どうして証拠を残せるか、そうを考えるだけで精一杯です。

このとき、間一髪で止めてくれたのが、先ほど話した佐々木さんです。佐々木組の若頭補佐が入江組で、その入江組が私を拉致・監禁した。入江組というのは、当時、大日本正義団というヤクザの親分を殺して有名だった。山口組の中では、特攻隊長と言われていましたね。だから、よく助かったもんだ、と言われました。もちろん、この殺害中止については、最終的には「決済」を貰ったんだと思います。亡くなった松本さんが、のちに言っていましたね。

——1973年に殺害依頼事件があり、79年には殺されかける、そして81年にも殺害計画があった、ということですが、この81年の事件について、もう少し詳しく話していただけませんか。

武建一 これは、三永という会社の社長がヤクザと絡んでいて、その社長を解任させるために組合が、40日のストライキをやったんです。これが、強要罪・名誉毀損罪でやられた。当時の雇われ社長は、坂上登と言うのですが、彼が4社を集めて私を溺死体にするということだった。これは、当時の会社の部長であった青山功さんが、大阪地裁で証言してくれました。裁判所の正式の証言です。

証言してくれたので、強要罪・名誉毀損罪は無罪であろうとわれわれは確信していたのですが、その証言を裁判所はまったく無視しました。これは、すでに話してきた大槻文平の発言と一緒の時期ですから、裁判所としては政治判断したんでしょう。こういう殺人未遂事件を全く無視するのですから、司法というものの性格が疑われますね。

野村雅明さん刺殺事件

――この81年の武さんの事件ののちに、82年の野村雅明さんの刺殺事件が発生したんですね。これは一連の関連ですか?

武建一　いえ、少し違いますね。これは、80年に大阪・兵庫生コン、工業組合とわれわれの未組織を拘束する集団交渉が実現するわけです。大阪府下全域の、生コンで働いている人たちの労働条件を決定する重要な出来事です。産別的な雇用・賃金・福祉政策を決める集団交渉が実現した。そして、81年には32項目の約束ができ、82年にはいよいよそれを実行して業界における影響が一挙に高まるときです。

それで、野村さんの属する高田建設も、その影響を受けて組合の組織ができた。しかし、これには「背景の業界」は見えないですね。高田建設そのものが、メーカーの宣伝もあって「生コンの組合ができると会社が潰れるよ」ということになったんです。この宣伝に踊らされた側面があるのでしょうね。

そして、関生の組合ができたとたんに、チンピラを雇って当時の分会書記長の野村雅明さんを刺殺したんです。この刺殺では、通勤途上で太ももの大動脈のところを刺されたんです。出

野村雅明さんの殺害を弾劾する関生支部と市民のデモ

血多量です。

この事件では、高田建設が野村さんを殺すために、暴力団に2千万円を払った、という証言があります（社長夫人の証言）。ところが不思議なのは、こういう証言があるにも拘わらず、この社長は「起訴猶予」なんです。すぐに釈放されて出てきた。また、実行犯も7年ぐらいで出所してきた。つまり、組合潰しのために、このような殺人事件を犯しているにもかかわらず、警察・検察とも見逃している。許せない。組織的被害だけは残っているんです。

――そうすると、73年の山場、81年の山場、この中で悲しいことですが、「人柱」が建って、一方で権力の弾圧があり、それから82年からの大弾圧が始まるのですね。話は飛ぶのですが、１９９５年にも2件の武さんの殺害計画があったと聞きますが、その内容はどういうものだったのでしょうか。

武建一　これは、神戸に山口県の建設会社が、生コンのプラントを新設したんですよ。阪神淡路大震災のときですね。これは震災の影響を受け、仕事がうんと増えるということでね。われわれはこれに対し、無秩序のプラント建設は、雇用破壊につながる、として反対したんです。

これは、安倍晋三の現地秘書をしているコノミというのがいるんですが（今でも現地秘書をしている）、彼にこの建設会社は頼みに行ったんでしょう。ところが、安倍の方は、「いやー、関西は連帯労組の了解がなかったら、プラントは新設できない」と言われて、結局、ヤクザを使って動き始めたんです。そして、山口組から私を殺すという話があったんです。

このときは、大阪のホテルに呼びつけられ、若いチンピラをたくさん配置し、「オマエらが反対するのはどういうことなんねん」と脅迫してきましたね。私は、「無秩序の設備投資は、中小企業の経営を侵害するだけでなく、労働者の雇用不安につながる。だから、そういう無秩序なやり方はしてはいかん。どうしてもやるというなら、業界と関係労働者の事前協議が必要なんだ」と強烈に反対しました。そうしたら、「タマをとるか、どっちやねん」という話になった。このときも向こうは本気でしたね。組織を上げて乗り出していたようです。

ただ、この問題は、彼らが別の人を介して、「全部協同組合に加入します、働いている人は労働組合に加盟します、輸送も労働組合の推薦を受けます」と。つまり、こちらの枠の中に入ってやるという条件を示して、和解が成立したんです。これは業界の秩序を維持する上では、当時の震災の時期で仕事が増えていく中では、一気に新設があるのか、ないのか、重要なときでした。しかし、われわれの動きの中で、新設は止まってしまったんです。

もう一つは、今でも東大阪にあるのですが、そこの会社は協同組合の運営にちゃんと参加して、やるべきことをやらない、無視するということで、ストライキを組織した。そのときに、フィリピンの人を雇って私を殺す計画が持ち上がった。このときは、「そんな会社を潰すようなまねはよせ」という会社周辺の人たちの動きで、計画は収まりました。

第3章　産業政策闘争と協同組合論
――関生型労働運動の政策と路線

生コン業界の現状

——生コン業界というのは、私たち素人にはよく分かりません。ここでぜひとも、生コン業界について一から教えていただきたいのですが。

武建一　そうでしょうね。だいたい、生コン業界というのは比較的新しい産業ですから、業界以外の人たちには見えにくいでしょう。

生コン産業は、１９４９年に東京でイワキ生コン（現住友大阪）、関西では1953年に大阪セメント佃工場が初めて誕生しました。この生コン産業は、初めはセメントメーカー、ゼネコンの共同出資の会社で、セメントメーカーの支配会社としてスタートしました。１９６０年代は、いわゆる高度経済成長が続き、セメント販売店、骨材業者が新規参入して、今日では全国で４５００工場があり、総出荷量は1億５０００万立方メートルで、約80％は中小企業です。

また、セメント直系工場は、輸送会社を下請会社にしました。その理由は、一つはコスト・労働組合対策です。もう一つは、生コンは労働集約業ですから、労働災害の発生率が高く社会的責任の回避を狙ったものです。

ところが、生コン製品は打設完了まで「半製品」ですから、そして、プラントから打設完了まで90分以内に納入しなければ、製品の価値を失ってしまう特性のある製品ですから、生コン製造会社は輸送中の製品にも品質保証責任がある。つまり、「生もの」であり、ストックが利かないというものです。したがって、製造会社は輸送の管理・支配を絶対的条件としており、「輸送会社は製造工場のベルトコンベア的なもの」と言うことができます。

そしてまた、セメント直系工場では、輸送の管理および労務支配権をセメントメーカーが持っている。そこに労働組合が誕生すると、彼らは直接的指示、指導的役割を果たすんです。

こういう生コン業界ですが、1970年代に入り、構造不況業種として構造改善事業を行いつつ、各地区に協同組合を作り、取引関係改善に努力しています。47都道府県の各地に協同組合が作られていますが、中小企業のための有効な協同組合は、大阪府下・兵庫県・奈良県・和歌山県・滋賀県の一部です。宮崎県・高知県・沖縄県を除いてその他の県は、形だけの協同組合ですね。全国各地では、大口需要地でセメントメーカーの支配が強く、地方は生コン専業支配となっています。

特徴的なことは、セメント支配の強い大口需要地の東京・名古屋では、協同組合がセメント販売の手段として利用され、協同組合の本来の中小企業の利益を守ることに背を向けています。しかし、同じ大口需要地である大阪地区では、セメント支配からの自立を求める労働組合の主張が認められているときは協同組合は安定しており、セメントメーカーへの従属性が強くなったときには、協同組合は崩壊することを歴史が教えています。

生コン業界の労働者は、全国で約８万人、関西では約７５００人、労働組合の組織率は約30％ですね。

――日本ではセメント、コンクリートの歴史は浅いと思いますが、外国、特にヨーロッパでは古いのではないんですか？

武建一　そうです。セメント、コンクリートの歴史は、ローマ時代の２０００年前になります。水道・道路・ドーム・港湾はローマ時代から使用されている。そして、今では全ての建造物の基礎部分や下水道・道路などに使用されています。

現在の日本におけるセメントの生産量は、２００４年で見ると約６７５０万トンです。このうち、太平洋セメントが36・３％、宇部三菱グループが27％、住友大阪が17・６％で、おおよそ80％のシェアを持っています。

産業政策の提起

――少し１９７０年代の中期にさかのぼって、産業政策が生み出された時代の74年のあたりに

関生支部の集団交渉

ついてお聞きしたいと思います。関生支部が初めて産業政策に取り組んだ経緯を聞きたいのですが、74年に中小専業8社協定があり、75年には製造・輸送の38社との政策懇談会があって、そのときにある程度の骨子を提起されていると聞いているのですが。

武建一　73年に、オイルショックがあったわけですよね。オイルショックによって、生コン業界もいわば、高度成長の夢が完全に吹っ切れてしまうきっかけになったわけです。右肩上がりの成長が、なかなか生コン資材関係でも難しいという状況でした。

ところが、その当時、すでに生コン工場だけはたくさんできていたわけです。だから、供給過多産業なんです。供給過多産業で何が起きたのかというと、今も基本的に変わっていないんですが、結局、価格を下げて競争するわけですね。価格を下げて競争するということになれば、資本そのものが体力を消耗するわけですよ。簡単にいえば儲けにくくなるわけね。むしろ、原価割れを起こしたりして、非常に相手側の力が弱まる。「構造不況業種」というのは、1970年ごろからすでに始まっているわけです。この業界、特に70年の万博が終わって以降、大阪を中心としたところは仕事が極端に落ち込んでくる。そして、73年のオイルショックから、一段と深刻な事態に直面してくるわけですね。

その不況業種になったときに、われわれは「チャンスだ」と言ったわけです。普通の労働組合は不況業種になると、これはアゲンスト（逆風）だと。要するに、こういう不況業種では闘えないと、一般の日本労働組合は言います。今でも同じことを言っている。われわれは、これはチャンスだと言う。相手の力が弱まるということは、相対的には労働組合の力が強まるということですよね。これは当たり前の原理ですよ。

だから、われわれは、構造不況業種になったときに、一気に労働条件改善の要求を前進させたわけです。

例えば、74年に生活最低保障というシステムを確立しました。その当時は、残業保障ということで、50時間保障という制度ができたんですけれどね。それから、優先雇用協定。日々雇用の場合であれば、われわれの推薦する労働者を雇い入れること、本勤の場合でも、労働組合の推薦する人でなければいけないという制度ができたのも74年なんですね。

そういう、なかなか相手に受け入れてもらえない制度を、相手が弱まったときにわれわれはこれをチャンスと見て通した。そのときに、個別の会社との闘争、到達闘争と言っていたんですが、それには限界があると思ったのです。

なぜかというと、最初は直系工場中心だったんですよ、関生の組織は。直系工場だったらセメントメーカーが潰れるまでは、下が赤字になろうが補てんするから個別闘争でも十分問題なかったんです。ところが、72～73年になると、一気に生コン専業社が組織化されてくるわけですね。要するに、セメント直系ではないところが組織されてくる。セメント直系ではないところが組織されてきて、そこで個別到達闘争をやると、その会社が干上がってしまって、潰れてしまうということに直面するわけですよ。そうすると、そこから業界全体を分析してこの業界の中における、中小企業の地位というものをきちんと確保していこう、その中において雇用や労働条件を安定させよう、そういう方向に向かったわけです。

ベトナム人民に学んで

――必要に迫られて、ということですね。

武建一　まさしく、必要に迫られているわけです。もし、専業の組織がなかったら、直系だけだったら、個別到達闘争をずっとやっていたと思うけれど、専業の場合はそういうわけにはいかないから、必要に迫られて産業政策を出そうということになったのです。

その産業政策の最初、骨子になっているのは8社協定でしょう。8社協定は、不当労働行為をしないこと、一緒になって不当労働行為を排除しようとか。そして、過当競争についての抑制的な考え方とか、非常に限られた文面ですが、どちらかというと、組織防衛に対する意向を強く現しているのと、産業全体をその8社がよくするために基本的な骨子で合意をしました。

その代わり、その合意した会社についてはストライキなどは控えるわけです。合意しない会社にはストライキをするけれど、合意した会社にはストライキを抑制する。経営者というのは、結集のメリットとして運賃がいいとか、売り上げがいいとか、そういう物理的なものも必要ですが、労働組合にいくらか緩和してもらうということも、中小企業は非常に結集するメリットを感じるんですね。

それをうまくわれわれが使った。もともと資本が分断政策をしますが、逆にわれわれが分断政策をしました。その分断政策は、ベトナム人民から学んでいる。ベトナム人民は、敵の武器を取って敵と闘うということをやった。そして、解放戦線を作って、あらゆる分野で統一戦線を形成して権力を打ち倒すというのが、ベトナム人民の優れた闘争ですね。そのベトナムの闘争を支援する先頭に立っていたのが、われわれの労働組合だったので、やはり影響を受けていると思いますね。

そして、資本の側を一方ではまとめて、他方では労働組合潰しとか、権利侵害をするところには徹底的に反撃して、相手を分断してまともな方向に結集させていく。こういう作戦が、政策闘争の始まりですね。

全ては、そういう風に必要性から出発しましたね。専業を組織するということに直面するでしょう。そこでストライキをすると会社が潰れる。そうなると、もっと視野を広げて業界全体の中で個社をどうするのかという、その必要を感じたから政策を作るきっかけが出てきたと思いますね。

当時の幹部は、ない知恵を絞ってよくやったもんですよ。運動方針を作る場合でも、誰が前文を書いて、誰が基調を書いて、誰が重点項目を書いて、誰が終わりを書くという風に幹部が分担して、今でいう常任が分担してやった。その分担して書いたものを、最終的に私がチェックする。人によっては、ほんのわずかしか残らずに、ほとんどカットされたという人もいましたけれど。とにかく、そういう分担をして全員が知恵を出し合う、そういうスタイルでした。

――ということは、武さんが繰り返し言われているように、個別の産業との闘いも国際情勢などをよく勉強していることが活きているということですか?

武建一　活きているということですね。だから、反帝・反アメリカ帝国主義ということが、その当時の国際情勢を議論をするときの中心になっていたので、ベトナム人民の闘いに学ぶということは、実際にベトナム人民を支援するためのストライキなどをやっていたわけですから、非常に身近だったのです。

その後にすぐ出たんですが、投資計画を規制するという政策があるでしょう。新増設を抑制する。要するに、資本の投資計画を抑制するということですよね。これはどこから発想が生まれたのかというと、すでに話しましたが、イタリアのCGILという労働組合の資本の投資計画を規制するという考えを学んだからです。

とにかく、何かのヒントを得たら、それを生コンで活かす方法はないのかなという感じですよ、全ての発想は。

中小企業の二面性とは

――あとで詳しくお聞きしますが、関生型という場合の大きな特徴の一つとなっているものに、中小企業を大独占から引き離して、労働組合の闘争力とヘゲモニーで引き寄せて、産業を民主化するという社会的意義をもったものがありますね。その際の中小企業の二面性という概念も、やはり必要に迫られ、頭で考え出したものではなく、内部から出てきたものなんでしょうか？

武建一　実は、その二面闘争というのは、当時の全自運中央から出た見解なんです。今になって分かるんですが、その当時は、そんな問題意識はなかった。搾取しているのと、抑圧されているという二面性を出している。その中で、全自運中央が一番意図していたところは、二面性を出すことによって、中小企業の中における紛争を抑制するということなんですね。

その当時、全自運という組織は共産党の影響が強かったんですが、全自運全体の組織は、比較的戦闘力のある労働組合だったんですよ。戦闘力があって、路線のトラックとか、それから地場のトラックとか、あらゆる業種を網羅していた。そして、一定の社会的影響力もあったのです。

そこで、関生は集団交渉をし、政策を出してやっているわけですが、他のところはそこまでいっていなかった。個別到達闘争みたいなことばかりする。そうするとやはり、実際にそのことによって企業がダメージを受けて、相手の競争力に負けてしまうということが起こった。個別になったらそうならざるを得ないんです。そういう事態に直面して、全自運中央の中でも闘争についての抑制政策を出さざるを得なくなった。簡単に言えば、闘争を抑えつけるために理屈が必要になってきたんですよ。

ところがわれわれは、その二面性については中小企業もこちらの戦線の中に引き込んで、ともに闘える相手だという受け止め方をした。中央の意図は全然違っていた。闘争を抑制するということなんです。それを当時、共産党の指示で全自運中央が出したのです。

その後、共産党は関生が弾圧を受けたときに、今度は「権力の二面性」と言い出したんです。

権力の二面性とは、一つは人民を弾圧するというのと、もう一つは、財産・生命を守るというのが権力の性格だと言い出した。

共産党は25年前に、なぜこれを言い出したのでしょうか。本当の狙いは、権力とは闘うな、権力は闘う対象にしてはいけない、と言いたいためだったということです。これは、全く間違った論理ですけれど、共産党が言う場合は何か目的を持っているからです。例えば、「教師聖職者論」ですね。あるいは、「自治体奉仕者論」。要するに、自治体の職員は住民に奉仕しなければいけない、単純に労働者性だけを強調してはいけない。教職員は、人の人格を育てる聖職者であると。それは必ず目的があるんです。

つまり、こういうことによって闘争をいかに抑制させていくのか、そういう目的のために出している。それを聞く一般市民は、「共産党は常識がある」と思う。票が増えるのか分かりませんが、組織労働者の戦闘的な闘いを抑制するために、非常に有効な論理として使われてしまうんです。

だから、この二面性の問題を語る場合でも、われわれは逆に取りましたが、ほとんどの他の職場ではストライキをはじめ、大衆行動を抑制するものに使われてしまった。今の二面性の論理というのは、現実にそういう役割を果たしました。

その当時から私が強調しているのは、基本的な労働者の行動力・団結力を背景にしなければ、搾取するところだけに目が向いてくる。だから、二面性といっても、われわれがしっかり闘わ

日経連（当時）の大槻文平氏（コンクリート工業新聞）

なければ、その団結力・行動力をおろそかにすると、これは逆に二面性の一方の収奪されているところの相手には目が向かないということです。

――ということは、むしろ、関生支部の組合員というのは、一面闘争・一面共闘というのは自分たちがそう使っているから、世間でもそういう風に使われていると思っていますが、それは違う、実は逆の使われ方をしていて、関生だけがそういう抑制を突破して、闘っていると自覚しなければならないということですよね？

武建一　そうです。昔の全自運は運輸一般になって、運輸一般が今、建交労になっているんですが、トラックとか、バスとか、生コンがあります。見事にストライキをやらなくなっている。見事に大衆闘争がなくなっている。逆の作用を起こしています。要するに、この論理が大衆闘争をしないために使われているということなんです。

関生の協同組合論

――産業政策で、中小企業を協同組合化させていくという方向性をこの時期に出されますね。この中小企業を事業協同組合に組織していく方針は、資本主義にとって代わる新しい経済システムへの、ある種の社会変革への道を拓く画期的な意味を持つと私は考えるのですが、協同組合化を意識しだしたというのは、どういう経過なんでしょうか？

武建一　1977年でしたかね。工業組合が第1次構造改善事業を実施するわけですね。これはまた、共産党とかなり論争となったところですが。構造改善事業というのものに対して、当時、共産党はどう認識していたのかというと、「構造改善事業というのは、独占資本の中小企業の支配・収奪を可能にするための法律であり、そのための仕組みである。だから、構造改善事業そのものに反対だ」という立場だった。

われわれは、どう考えたのかというと、その構造改善事業の（近促法の）中の「留意すべき事項」の中に、「労働者の福祉の増進」という項目が入っていまして、「留意すべき事項」ではあるんだけれども、これは活用できると考えました。だから、構造改善事業に協力する前提条件として、「雇用確保を第一義にする」ということを、当時の工業組合の理事長に求めて、これに同意してくれるのであれば、われわれは協力するという態度を取ったんです。

共産党は反対だったけれど、われわれは法律でも有効に活用できるものは、おおいに生かすべきだという観点でやった。それで要求を出したら、当時の工業組合の理事長が「構造改善事業を進めるに当たっては雇用を第一義とする」という確認書を出したんです。

それから、協同組合については、協同組合は「経済活動において、中小企業の振興育成、相互扶助の精神に基づく事業活動」だからこれも活用できると、そういう発想から生まれているんです。

当時、協同組合は、形はあったのですが中身は全然機能していなかった。そこで、競争力を抑制する方法、共同受注・共同販売システムを作る。また、シェアを決めて、お互いが競争しない仕組みが必要ではないか、という発想でそれを提起しました。そして、当時、協同組合はわれわれと交渉しなかったから、個別に雇用関係のあるところに要求を出して、中小企業の振興育成のためにこういう制度が必要ですよと訴えた。そうしながら、一方では行政に対する要請、ゼネコンに対する要請、そういうことをずっと展開していった。そうしているうちに、協同組合の方でも、われわれの提言を活かした方がいいという風に取り入れるようになったのです。

――中小企業が大企業から自立するということですね。

武建一　そうです。だから、現在の広域協組は、１９９４年にできたのですがその前に、北とか東とか市内とか阪南とか、五つにブロックされて協同組合がありましたね。その協同組合の中で、一番最初に今、説明したようにして始まったのは阪南協（阪南生コンクリート協同組合）だった。阪南協に田中裕さんがいて、田中さんがわれわれと労使関係があったということもあって、「会社としては労働組合のパワーを有効活用して、中小企業をまとめていこう」という態度でした。こちらはこちらとして、そういった影響のある人とのパイプを通じて、業界が大企業からの自立を図っていくためには、協同組合という結集体が必要であるという認識だった。それぞれの動機は違っているんだけれど、まとめるという点では共通項があったんです。

１９７７年から80年代まで、協同組合を機能化させようとする取り組みを一生懸命やってきたときに、よく相手からの攻撃対象として「Ｔ・Ｔライン」、つまり田中と武の「Ｔ・Ｔライン」という風に攻撃された。要するに、セメントメーカーとか、ゼネコンから自立をして、労使が協調して中小企業の権益と労働者の雇用などの労働条件を守っていこうという路線なんです。それを「Ｔ・Ｔラインだ」ということで、あとで共産党からも強烈に批判されました。しかし、今でもその路線は正しかったと思いますね。

そして、77年から82年までの間に、今の退職金規定ができたり、年間休日１０４日間の制度を未組織労働者にも適用する協定書が成立したり、モデル化された賃金ができたり、業界として雇用に対する責任を負う、という制度ができたりしました。それは、必ず相手の中に一定の影響力のある協力者がいる。そういう人との関係も非常に大事です、政策闘争など進める上においては。

――先ほど、構造改善事業を共産党は最初に批判したという話がありましたが、生コンの協同組合化については、セメントメーカーがセメントの拡販を行うにあたって、オイルショックでガタガタしている中で、セメント価格を維持するための組織として位置づけた、直系を中心にして協同組合を作っていかせた、という反面の意味もありますね。

武建一　セメントメーカーからすると、セメントはアウトに売ろうがインに売ろうが、セメントの量さえはければいいわけです。しかし、当時、セメント協会と通産省が入った近代化委員会というのができまして、その中ではこのままの状態でいくと、生コン業界が産業として成り立たなくなるという話でした。安売りをして、品質の悪いのをどんどん出すようなことをやっていたからですね。そしてその中で、近代化のための6項目という提言をしています。それはセメントメーカー主導なんです。

ところが、セメントメーカーからすると、今やっているような共注・共販、現金回収とか、そんな発想はないんです。なぜかというと、そこまでしっかり協同組合がまとまると、中小企業はセメントメーカーに対して、対等にモノを言う力を与えることになるんですよ。それはセメントメーカーからすると、やってほしくない。それはしてほしくないけど、ほどほどにまとまっていてほしいというのが、メーカー側の協同組合論ですね。

われわれの方は、まさに、中小企業事業協同組合というのは、中小企業の振興育成に必要な組織として認められ、独禁法除外認定にもなっている。だから、やり方によっては、中小企業の基盤を強化することに使えるというのが発想でしたね。

だから、そのうちに全国的に見てもそうだけれど、直系が相対的に数が少なく、専業の方が多くなる。中小企業が圧倒的に多くなる。例えば、現在、大阪などでいえば、直系は10％台しかない。あとの90％近くは生コン専業。その専業が主体になって、組織構成し、人的構成し、組織運営をすべきである、これは一貫してわれわれの主張です。それは、田中さんも、専業主導でなければいけないという点では共通していたわけです。

——ということは、その当時、協同組合については、セメントメーカーは拡販の装置として協同組合を利用する、独占資本側の利害を貫くために利用価値あるものとして協同組合を位置づける。一方、労働組合からは、雇用を確保し、大企業の支配からの中小企業の自立というところでの事業協同組合ということで、まさにせめぎ合いをしていたということですね？

武建一　そうなんです。それは、今でも変わっていないと思います。この間の弾圧があったときに、それまでは少なくとも専業主導型に組織運営が変わりつつあったわけね。ところが、弾圧があったとたんに、わずか10数％の直系の連中が工業組合・協同組合の理事長になり、かつ組織運営は、彼らの都合のいいようにやっているわけです。

だから、せっかく確保した土曜日稼動の中止についても、土曜日はゼネコンに対するサービスをしなければならない、「アウト対策」と言い出して、土曜日稼動をするようになりました。それに、「マル適」と言って、本来、アウトには与えないのものですが、現に奈良とか京都の工業組合はアウトに与えていないんですよ。ところが、弾圧が続いている間に、全部アウトにも認めてしまったわけです。要するに、セメントメーカーの拡販のために、工業組合や協同組合を利用するという体質は全く変わっていないのです。

弾圧があると、ごく少数の直系の連中が主導権を確保して、専業を踏み台にする、犠牲にする、この構図はその当時と今でも変わっていないですね。

（註「アウト」とは、工業組合・協同組合への非加入業者で、「イン」とは、加入業者。）

――協同組合と言いますと、例えば、先ほどイタリアとかフランスの例を出されましたけれど、ヨーロッパでは協同組合がかなり盛んで、日本も消費協同組合とか、そういうのは共産党も含めて、それなりに力を入れていると思うんですが、協同組合について共産党はそれを積極的に利用するという発想はなかったんですか？

武建一　その当時、共産党の中では、全日自労（全日本自由労働組合）の委員長だった中西五洲さんが主導する協同組合が、労働運動家からは高く評価されていたんですが、共産党は全く評価しない。どちらかというと、反主流派になっていた。だから、生コンに対しても共産党は反対こそすれ、それを活用してどうこうするという立場は全く取っていなかったんです。

共産党でいえば、先駆的なのは中西五洲さんです。今、雇用起こし、それから自立した業者の運動というのが継承されていますね。そして、ヨーロッパの協同組合運動から学ぼうという、そういう方向に当時の全日自労が継承していますね。これは、非常に国際的にも評価されているると思いますが、共産党はどちらかというと否定的ですね。今はどうか分からないけれど、当時は全く否定的だった。

――ということは、日本の労働運動の中で、70年代から始まる産業政策闘争、一面闘争・一面共闘で中小企業の自立を促進して手を携えていこう、そして、協同組合を活用していこうというのは、全く関生支部の独自の闘いの中から生み出された闘争方針であるということになりますね？

武建一　そうです。背景資本に対する取り組みは、全港湾とか全金の闘いを関生流に生かしているんですよ。例えば、全金の四国の川越闘争ですか、背景資本の責任を追及して責任を取らせたという、そういう例などが非常に参考になっています。政策闘争だけは参考になる相手がいなかった。だから、独自に編み出して作り上げたのです。

産業政策についての激しい議論

——産業政策について、先ほど言われた中小企業の中でも、そういうことに共鳴する指導者に対しては、積極的に協力関係を結んでいくということは、闘う側にとってもある意味では大胆な発想ですね？

武建一　それは、色々な意見が出ましたね。そんなことをすると、闘争が抑制されてしまって、労働条件の到達闘争にブレーキがかかってしまう、それでは労働組合が賃上げなどについて、パワーを横にそらしてしまうことになるんじゃないかと言って。

だから、政策闘争と称して、労働者の切実な要求を抑制するために使われるのではないか、という意見も当然内部からありました。しかし、例えば、産業別的な賃金を作ろう、産業別的な雇用を作ろう、産業別的な福祉を作ろうというときに、それをするには、まず8社協定を結ぶ、そして、その協定に賛同するところを増やしていって、業界そのものが労働者に役立つような方向に変えていくんだということを色々と説得しました。

関生の中でも、一部ではかなりの反対意見があったのですが、その討論によってそれを深化したことで、産別闘争の必要性、産業政策の理解が進んだと思います。深めるには、反対論者がいたことによって、おおいに進んだのではないかと思う。というのは、職場の人たちの反対は、共産党みたいに、とにかく独占資本の仕組みに手助けするような、構造改善事業に反対だという漠然とした反対論とは違いますからね。

——産別の賃金労働条件という発想は、最初の産別組織にした時点からそういう発想であったということですか？

武建一　スタートしたときに、一番われわれがこだわったのは、「統一要求・統一交渉・統一行動・統一妥結」、これを一貫して追求しました。これを追求できなければ、組織としての集中力がなくなってしまうからです。

だから、スタートしたとき、集団交渉でなかったときに何をやっていたのかというと、到達点、妥結に達したところは、まだ妥結に達していないところを支援するために闘争を継続するわけです。したがって、妥結した会社にしてみると、早く自分のところは解決して他の会社より競争力を強めようと思っているのに、まだ闘争が終わらない。そんな方式を採用したものですから、会社にとってみたらそれだったら、まとまって交渉しても一緒ではないかということになって、集団交渉になったわけです。

そして、集団交渉になると、企業は大きいところもあれば、それほど大きくないところもある。賃金を見ると、その当時の賃金はバラバラの賃金だった。ものすごい成果主義を取り入れた、差別賃金のところもあります。残業の基礎計算を労働者が見ても、どうも分からないところもあります。そういう煩雑・複雑な賃金体系にすることによって、労働者を搾取しやすくするということです。

ところが、集団交渉をしていくと、そんなバラバラな状態の賃金体系では団結しにくくなるわけです。そうすると、産業別的に「かくあるべき賃金」を作ろうという必要にまた迫られてくる。今は、本給と資格手当と住宅手当、家族手当というように、非常に簡潔に分かりやすくなっているでしょう。

――そうした発想・問題意識は、どこから導かれたのでしょうか。学習でしょうか？

武建一　それは、学習の効果だと思いますね。なぜかというと、賃金というのはもともと、複雑にすればするほど相手側が搾取しやすい仕組みになるんだ、と教えをもらっていたから、早速われわれはこの業界で、それを変えようと実践したわけです。誰が見ても、すぐ分かるような賃金体系にしようと。しかも、労働組合があるなしに関わらず、産業全体に普及できる賃金を作ろうということです。

それから、雇用問題については、会社が潰れたとしても業界が存在している間は、業界が連帯した雇用システムを作っていこう。福利厚生についてもその当時は、雇用保障を作れとか、老人ホームを作れとか、障害者の施設を作れとか、こういう施設を作らせるということと、それから、労働者1人当りの年間の福利厚生資金の負担の増額を要求し、それを労働組合管理におこうという発想です。

つまり、福利というのは、もともと会社が労務支配の道具として使いたがる。どこどこへ連れて行く、その代わり労働組合を眠らせる。そういう形に使っているわけです。それを労働組合管理にして、労働組合の結集力をむしろそれで強めていく。そういう風に逆転の発想でやったのが、先ほど言った産別的な福祉政策です。

さまざまな政策要求

——1975年8月に38社との間で政策懇談会を開いて、関生支部から色んな要求が出ていますね。その中で「雇用基金」というものを要求していますが、この内容は何でしょうか。「雇用基金」というのは、どういう目的ための基金だったのでしょうか？

武建一　雇用基金というのは、失業者が発生した場合、その失業者に対して公的な基金以外に産業の方から支出できるような、そういう制度を作ろうということです。確かこのとき、1立方メートルにつき100円を求めたと思います。

これは、今だかつて実現はしていない。相手の方はなかなか抵抗して応じてこない。一時期、81年のときには、それを作ろうというところまできたんです。ところが、82年から分裂攻勢をかけられ、権力弾圧が続いたでしょう。あれで全部飛んでしまった。あのままの状態でいけば、基金はでき上がっていたと思うね。

でも、この問題は、81年に「雇用福祉基金」という協定を結ぶということにつながっています。

――それから同時期の1975年11月に、セメントメーカー・ゼネコン・行政に対して、申し入れ行動を大規模に展開されていますが、このときのゼネコンへの申し入れというのは、どんな内容だったのでしょうか？

武建一　ゼネコンに対しては、適正な価格で取引しろと、原価割れの取引ではだめですよ、という価格の問題。それから、現場で生コン車などへの誘導をつけるとか、洗車場を確保するとか、そういうものをゼネコンの責任でやってくださいということです。

今はどちらかというと、ゼネコンの方は逆に、われわれに過剰サービスを要求してきます。例えば、もともとは現場でシュートを洗っていたのに、今は袋をつけて運転手がやるようになっているでしょう。その当時の申し入れは、過剰サービスを一切われわれは受け付けないということだった。だから、現場で洗車場を設置するとか、現場で危険なところでは誘導を配置する、これはゼネコンの責任でやるべきですよ、価格についても原価割れはだめですよ、ということが中心ですね。それから、過積み車輌の出入りを禁止せよ、そういう申し入れです。

この行動の成果としては、一時金の支給のときに、セメントメーカーの直系で下請けの運送会社がありますね。それはセメントメーカーによっては、運送会社が赤字であっても補てんせざるを得ないような状態が出てきました。この当時、下請けに対してセメントメーカーは、例えば、生コン車、大型であれば1台125万円の最低保障制度ができるとか、そういう成果が出ています。

それからここで、ステッカーとか、腕章、鉢巻の自由とか、これもこの成果が現れています。また、過積みの禁止も、過積みをしないという方向に変わってきております。

――1976年春闘において、倒産に関しその可能性が高いのであれば、事前に組合に通知することとし、もし倒産に至った場合、生産手段を組合に譲渡するとかの措置についても追及しましたね。これは、労組による自主管理を可能にする体制づくりであり、資料によれば、一部の企業との間、例えば「三光生コン、今の淀川生コン等で協定化」とあります。実現された例はあるのですか?

武建一　これは、実は、当時私は全自運中央の役員をやっていたので、全自運中央の方から私と木村茂樹さん、当時、彼は中央執行委員をやっていて、この2人に全自運中央から、「倒産防止のための協定案を作ってくれ」と依頼された。それで、２人で75年ごろから色んな資料を持ち寄って作り上げたのが、今、説明されたものですよ。

それで、全自運中央に作ったものを答申したんだけれど、人に依頼しておきながら全然取り入れない。その内容では、会社が潰れたら労働組合に資産、動産全てを譲渡するようになっているから、全自運中央はそれが恐ろしかったのかどうか知らないけれど、全く無視されてしまった。無視されたから、一番実行しやすいのは生コンじゃないかということで、生コンでこれを実行しようということで、ここで書いている三光生コン、こういうところで締結してみたり、会社が資金繰りで立ち行かなくなったときにそれをやったのです。

しかし、まだ資金があるときには、会社はこういう協定に同意してこないわけです。何か資産を取られてしまうんじゃないかという危機感が働いて。だから、どちらかというと経営危機になったところに対して行う。例えば、今のタカラ運輸、コーイキ輸送など、数カ所でその協定は結んでいるんですよ。ツチフジ生コンでも、そういう協定を結んでいます。他にもあります。

――先ほどの話に戻りますが、構造改善事業について、関生支部ではどのような議論を経て、どういう方針を出したのでしょうか？　特に「雇用を失う」ことに対して、どう考えたのでしょうか？

武建一　それは、先ほどもちょっと話をしたように、当然これは新しいものに挑戦するから、組合員も「はいそうですか」というわけにはいかないし、当然、反対意見も出ました。一番の反対意見は、こういうことによって、従来の賃金とか労働条件改善闘争が弱まってしまうのではないかという懸念が出ていました。共産党は別の立場から反対したんですが、組合員の反対意見はそういうことです。

これをていねいな議論で克服して、優先雇用協定が確認されたということです。それで、優先雇用協定を確認したことによって、われわれの組織に入ると、会社が潰れても雇用保障がありますよということで、最大のセールスポイントとして宣伝して、これがのちに組織が一気に拡大するのに有効に働いたのです。

――このとき、工業組合理事長と雇用保障の協定を結んでいますが、工組側としてもこういう協定を結ばないと、なかなか進まないという事情も作用したんでしょうか？

武建一　結局、構造改善事業というのは、多くの企業が賛同しなければ実行できないということです。その中に一定の影響力のあるわが組織が、その8社協定に象徴されるように、雇用主に対してその前から政策提言していました。そうすると、われわれの協力がなかったら、構造改善事業はなかなか実施できないんじゃないかというのが背景にあって、こういう確認書を出すに至ったということです。

もちろん、メーカーとかそういうところからすると、とんでもないということだったと思いますが、結局、この関西ではメーカーの意向のままでは、構造改善事業は実行できないというようなときですね。

木原さん（当時の工組の理事長）というのは、日本セメントの出身の方なんですよ。本音としては、こういう確認書は結びたくなかったのでしょうけれど、やはり一定の影響力を無視できないということから、こういう確認書に至ったということです。

資本の投資計画の規制

——関生型産業政策の先駆的闘いの一つに、資本の投資計画を規制する、というのがありますが、その出発点となったのは、１９７９年の「かるも島」の新設阻止の闘争ではないかと思います。これは、どんな闘いだったのでしょうか。

武建一　「かるも島」に当時、住友セメントが竹中工務店と、それから北浦商事という販売店がグルになって新しいプラントを作ったわけですね。その新しいプラントというのは、市場を乱してしまう。要するに、事前に協同組合との協議もないし、もちろん、業界でも合意をしていないのに、メーカーの拡販、粉を売りたいということだけで工場が新設されるということで

新増設に反対する総決起集会（１９８２年）

あれば、結果的には働いている人の雇用に不安が出てくる。また、中小企業の権益が侵害されてしまう。そういうことから、それを阻止しなければならない、ということでした。

つまり、当時、われわれは業界の設備投資に対する規制力、関与権を確保するという発想でそういう要求を出したのですが、われわれの反対を無視してどんどんプラントができ上がってしまった、ほぼ１００％でき上がってしまった。当時のお金で10億円ほどかけて、です。

この段階で、われわれがどうしたのかというと、まず、竹中工務店の方は表に出てこずに、下請け・孫請けみたいなものを使ってプラントを作ったわけですね。住友セメントも表に出ない。北浦商事も表に出ない。だけど、実際には3社が黒幕であるということは分かっていたので、まず、竹中工務店の神戸地区における仕事は一切運ばない。それから、販売店だから協同組合に上程するんですが、北浦商事の上程したものは運ばない。それから、住友セメントの不買。「住友セメントの粉は買わないでくれ」と。そういうことを実行したわけですね。

そうしますと、竹中工務店は関西のシェアは結構大きいので、神戸だけでも結構大きいから、お手上げになりました。また、住友セメントも北浦商事も、お手上げになってしまった。お手上げになってどうなったのかというと、とにかくでき上がったプラントについては一切稼動しない。生コン工場としてはでき上がっているけれど、全く生コン工場以外のものに使って、生コン工場としては機能させない。それで関係者に迷惑をかけたと謝罪をする。そして、二度とこのような業界秩序を無視するようなことはしない。そして、関係者に損害を与えた場合は、損害金を補償する、そういう内容で全面勝利したわけですね。

この全面勝利というのが、法律では新規参入を規制する法律はない。あるいは、業界の中でも自立的に規制する能力がない。だけれども、この闘争は社会に与えた影響が非常に大きかったから、セメントなりゼネコンなりが、関係者と事前の協議・同意がなければ新設をしてはならないという流れで、その後の生コン業界は10数年間、非常に安定しました。要するに、市場に新規参入がないという状態が続いてきたわけですね。

――その大資本、セメントメーカーとの闘いの中で、1980年の神戸協組によるセメント値上げに連動した、生コン価格の大幅値上げをストライキで阻止した闘いがあり、これは同年12月4日に神戸協組と協定を結んでいますね。これは?

武建一　当時のわれわれの組合は、セメント・ゼネコンという独占の狭間にあるのが生コン中小企業であると考えていました。そうすると、独占に中小企業は支配・抑圧されているということになります。

支配・抑圧されている中小企業に対して、原料を供給しているのはセメントメーカーです。セメントメーカーが、中小企業の立場を無視して一方的に値上げをする。しかも、神戸協組は生コンの値上げとセメントの値上げを連動させようとした。それは、独占の利益擁護の立場に立つのではないか。本来、中小企業の振興育成のために経済活動をすべき協同組合が、独占の利益代表になるのはおかしい。だから、セメントの値上げに連動する生コンの値上げについては、止めようと申し入れをしたわけですね。

それでも、一方的に値上げをしようとしました。確か、そのときに神戸は、ポートピアの建設の時期で大量の公共工事があったわけですね。その公共工事が多いから、一気にセメントの値段も上げたり、生コンも値段を上げようとしたわけですね。逆にわれわれは、そういうやり方で協同組合を足場にした、独占の利益追求は許せないということを主張したのです。このことは、専業の生コン業者に共鳴されるわけですね。労働者にとっても、それは正しい方針であると支持されたわけです。

しかし、相手が言うことを聞かないものですから、ちょうどポートピアの仕事の多いときにストライキに入ったわけです。むしろ、セメントの値段を下げるべきである、と。セメントの値段は、「二重価格」になっていました。二重価格というのは、大阪から京都や奈良に運賃をかけて持っていく場合、京都とか奈良はまだ協同組合がしっかりしていなかったから、生コンの値段が安かったわけですね。そういう生コンの値段が安いところには、セメントの値段も安くして売るわけです。生コンの値段が安定しているところは、セメントの値段を高く取る。これを「陥没価格」と言っていた。二重価格ですけどね。

こういうのはおかしいという追及をしていて、それでも言うことをなかなか聞かないから、ストライキに入った。ストライキに入ったとたんに、神戸協は「セメントの値上げに連動する生コンの値上げをしません」という約束をしたわけです。

――産業の民主化は、労働組合の闘いの力が決めるということですね。

武建一　そうです。今で言えば、中小企業が主体になっている事業協同組合は、大企業との取引を対等にできるようにということで、弱小の中小企業が協同組合に結集することを法律でも認めていますし、それだけに独禁法の除外規定で保護されているわけです。にもかかわらず、大企業の言いなりになるような協同組合になると、これは法律の趣旨から見ても、中小企業の利益から見ても、問題があるわけですよ。

ですから、その当時からすでにわれわれは、言葉も大事だけれどしかし、言うことを聞かない場合には、行動の中で正しい結論、大義のある結論を導くべきである、ということを実践した一つの出来事でしょう。

去年の春闘から私が強く言っているのは、言葉では正しいことを言っておきながら行動力がないもんですから、言葉だけでは相手を説得するのは限界があるから、結果的にはセメントメーカーとか、ゼネコンとか、販売店の思うような形で流れてしまっている。歴史の教訓を得ようとすれば、やはり闘いの中でこそ中小企業の権益が守れるのであり、かつ労働者の雇用なり労働条件が守られ、発展するんだということです。闘争のないところで、「産業を民主化しよう」という言葉だけでは、何も変わらないということを教訓にすべきでしょうね。

組織は「質」が問題

──話がちょっとそれるかもしれませんが、このころの組合の組織率は高かったのですか？どのくらいでしょうか？

武建一　いや、それは資料を見なければ正確には覚えていないんですけれど、大阪・兵庫の中では、まだ50%はいっていなかったと思いますよ、われわれだけの組織率としては。
ただ、パワーというのか、闘争力というのはすごかったですからね。今でも大事にしている、「人の痛みを己の痛みとして感じるような労働運動」という言葉を、そのまま実践している時代だったから。
だから、権利侵害が発生すると、真夜中でも全部動員をかける。酒を飲んでいる人でも途中で止めて参加するということもありました。ものすごく権利問題に敏感であるし、権力弾圧に対しては職場をほったらかして弾圧を受けたところに集中するという、これを普通にやっている時代。だから、組織率よりも闘争力が仲間を鍛え、かつ相手に脅威を与えたと思います。ですから、それは不当労働行為の潜在的な抑止力だった、言葉以前に。

――分裂以降、今、現在も含めて、組織率がだいぶ下がったと聞いていますが、基本的な闘いというのは、組織率というか数の問題もあるでしょうけれども、それ以上に闘う質の問題が大きいという風にお感じですか？

武建一　そうですね。もちろん、両方必要だけれど、われわれが42年前に結成して、非常に困難で少数のときからスタートして盛り返してきたというのは、やはりピリッとした質の高い人の結集、これがなければ数を獲得することもできないですね。
結局、今の場合は、支部のスタートから見ると、ものすごく恵まれていると思います。支部のスタートは、五つの分会・180人くらいでしょう。今は、数からするとそんなのをはるかに超しています。そのスタートのときは、専従もいないし、優先雇用保障協定もないし、どちらかというと、差別されるし、解雇されるし、困難なことばかりが中心になっていたわけですね。

困難なことが中心になるというのは、逆に何の保障もないから、自己犠牲が当たり前という感覚で闘争に臨みます。何か報われることを期待してやるのではなく、自分自身の生き方の中に労働組合を置き、これに全てを捧げる。もっと言えば、その当時は世の中を変えるために、体を張って立ち上がっていこうという人たちが軸になっていたわけですね。

そういう点から見ると、今はそれが弱い。非常に弱いんです。要するに、ほとんど保障されていますからね。解雇されても、優先雇用協定でちゃんと安定した収入が得られるようになるし、幹部の場合でも生コン会館というこんな大きな事務所があって、たくさんの専従がいる。そして、昔みたいにガリ版じゃなくて宣伝物も、いつでもすっとできるような状態があるし、宣伝カーも何台も備えているし、動員するにしても専用バスがあります。

ある意味では非常に恵まれていますが、逆に、恵まれているということは、一種のサラリーマン化してしまっていると思いますね。率直に言うと。だから、想像力を働かすというより、時間から時間までという感じになっています。質的には、ずいぶん劣っていると思いますね、その時代と比較すると。世の中が変わったから、というだけではすまされない問題だと思うわ

韓国へ行って学ぶ関生支部組合員

けです。

――その原因は、武さんはどこにあるとお考えでしょうか?

武建一　なぜそうなったのか。やはり、自分がこの運動に生涯をかけて、人生をかけて臨んでいるんだということね。これがあるのかどうかです。そういう人たちが寄れば、最初は少数であっても多数を獲得することができるんです。ところが、あの当時からすると、今は成果が多い割に組織が強く大きくなっているとは思えない。だから、韓国へ行って学ぶとか、色々やっているのですが不十分ですね。

今はある決めごとをすると、その決めごとを実現するためにどういう知恵を絞って、どう組織力を集中して、どういう形でその決めごとを実現していくのか、ということに対する責任感というか、自覚というか、そういうものが弱くなっている気がしますね。

恵まれている反面の弱点。その恵まれた中で、一層自己研鑽して高めていくことが足りないと思います。そういう意味ではチャンスだけれど、そのチャンスをまだ活かしきれていないことに気づいて、その具体的なテーマについて、レベルを高めるための取り組みが必要ですね。

例えば、会議一つするにしてみても、会議のために会議をやるんじゃなくて、会議の目的があって、意義がある。それを獲得するために必要な準備をし、そのためにその会議を成功させなければならないわけですね。今は「〇〇をやる」ということを決めたら、こなすのが精一杯で、それをやることの意義とか、やることによって何を獲得するかということが飛んでしまっています。

だから、私はこれを「形式主義」と言うんです。形は整っているけれど中身がない。こんなやり方では、質を高めることはできない。だから、そういうやり方を変えて、今の時代にふさわしくレベルアップをする。そうすれば、今は恵まれているのだから、その恵まれている条件さえ活かせば、組織を一気に強く大きくすることは可能だと思いますね。

「吹けば飛ぶような三菱」

――この79～81年というのは、まさに「飛ぶ鳥を落とす」ような勢いのあるころだと思うんですが、当時から武さんは傑出した指導者ですよね。変なことをお聞きしますが、武さんから見てそのころの関生支部の組合員の運動ぶりというのはどうでした？　頼もしいとか、よく頑張っているとか、楽しそうにやっているなとか。

武建一　まず、関生が「全自軍」と言われていることを、みんなが誇りに思っていましたね、組合員は。それほどわれわれは強いんだ、われわれはここぞというときには、まさに軍隊と同じように集中力を発揮できるんだと。そして、組合員は本当に人の痛みを共有できるということを実感していました。だから、闘うことを非常に楽しく思っていたのです。

その当時、普通は労務政策として企業が分断的な賃金を導入する、企業から見てよく働いている、働きが悪い、それによって賃金を決めようという分断賃金をやります。そういうのをわれわれは認めていなかったのです。

そのように、早いうちから資本の分断政策を受けにくいシステムを作り上げたということと、もうひとつは、やはり徹底的な政治・思想教育です。要するに、「誰がわれわれを支配しているのか」「その支配者と、どんな考え方を持って闘うべきなのか」という学習活動を盛んにしていたことがありました。73年から行動は活発にやっているのですが、80～81年というのは、ものすごく行動の多い時期だったのです。それだけではなく、非常に活発な行動とその学習との両面が結びついているから、運動する側の方は思想的にも非常に確信を持ってやっていたと思います。

だから、三菱とか住友なんて大資本ですよね。ところが、その当時の組合員の意識は、私が全員の前で言うから余計そうだったんですが、「こんな三菱なんていう吹けば飛ぶような会社が、われわれに向かって何を言うか」(笑)。「そうだ！」と思っている、組合員も。当時の日経連会長の大槻文平に対しても、「こんな者がどの程度の力があるんだ」「天下国家をわれわれが取るんだから、あいつらなんて知れているじゃないか」とね、このレベルだから(笑)。共産党は「背骨を踏んだ」と言いましたが、われわれの意識は全然違ったのです。81年当時、組合員は2500人くらいにはなっていましたか。日本全体の労働組合の組織率からすると、ほんのわずかな人数ですけど、しかし、わずかな人数のわれわれは、自分たちが世の中を変えていくんだから、三菱なんて吹けば飛ぶような会社だと。そのうちに世の中が変わったら、三菱なんか自分たちがコントロールするんだ、という発想ですから、戦略的には敵を軽視していたんです。

権力が来て、25万人の警察が「関生を潰す」と言っても、「われわれが天下を取ったときには、お前らを指導するんだ」と、こういう確信でやっているものだから、元気なんですよ。

――まさに、関生魂の真骨頂というところですね。今でもそうお考えですか?

武建一　やはり理論的な確信。そして実践。これが明るさと関生へ結集する誇りとなり、そして運動することを非常に喜びながらやっているわけです。全く悲壮感なんかない。それは、今でも一緒だと思います。今でも、そういうスタイルを貫かなければ、このところ弾圧が厳しいからといって、言葉では「闘う」と言いながら、実際には腰が引けているというようなことでは、関生の伝統はそれでだめになってしまいます。

敵は、実際はたいしたことはないんです。1980年より、もっと相対的に敵の力は弱まっている。アメリカにしてみても、イラクや中東諸国に「アメリカ型」を押し付けようとしていますが、全然うまくいっていない。財政だって、ずっとパンク寸前の状態が続いているのがアメリカでしょう。日本だって同じことが起きているわけですから。

だから、今から27年前より敵の力は弱まっている。敵の力は弱まっているのに情勢負けするというのか、敵側の宣伝によって敵を巨大に見てしまっている。敵を巨大に見出すと、萎縮して闘いにならない。ゼネコンだってそうでしょう。どんどん叩かれて、ゼネコンも競争が激しいから、あの時代からは比較にならないほど力が弱まっている。

そういう風に考えると、敵を大きく見る必要はないんです。敵はたいしたことない。追い詰められている。ということは、相対的にわれわれの力が強まっているということです。ただ、それをわれわれがもっともっと大きくするように手立てをし、そういう方向に確信を持って運動に集中しているかどうかの問題だけだと思います。

敵が一番恐れているのは、依然として関生なわけです。なぜ関生を恐れるのかというと、まともな労働運動をしているところだからです。堕落している労働組合がたくさんあるから、そこに一気に火がつく可能性がある。しかも、日本の産業・経済を支えているのは、中小企業でしょう。関生は、中小企業が共鳴する産業政策を持って闘っているから、労働者のみならず、中小企業が一気に全国的に結集する可能性を持っているわけです。だから、少数者の支配層は、そういう方向に世の中が変わることを恐れて弾圧するわけです。ある面では、権力が一番見ているわけです。関生型運動が一気に広がる可能性を持っていると。

韓国へ学びに行ったことについて、彼らも知っている。資本・権力の側の方は、韓国流の運動を日本でやられたら、日本も一気に変わっていくのでは、という恐れでしょうね。

敵の対立矛盾をつく

――ところで、セメントメーカーというのはもともと炭鉱資本ですよね。三菱とか麻生とか住友とか。もともと三井三池など、労働者とかなり熾烈に闘った資本ですよね。そういう系譜っていうか、流れって関生との関係にもあるのですか？

武建一　結局、炭鉱がだめになって参入してきたのが、今言われたようなところです。炭鉱では「総労働対総資本」と言われるような大闘争をしていますね。大闘争をして、結果的には日本の労働運動は敗北しました。しかし、相手側の方はそういう階級的な労働運動に対しては、ものすごく敏感であるということは当時から言えると思いますね。

だから、炭鉱で労働組合の役員をしていた人たち、あるいは、労務担当をしていた会社の管理職、それがどんどん派遣されたんですよ、宇部とか住友とか三菱もそうですね。

ところが、三井三池闘争というのは集中して行ったわけですね、全国から。三井三池闘争と違うのは、われわれの場合は職場が散らばっている。しかも、生コンの場合は製造して打設まで、１時間半以内で納入しなければ商品の価値がなくなってしまうわけですね。

こうなると、相手側は階級的に対応するとともに、戦術的にもこんな動きをすると労働組合はこう来ると、ものすごく綿密に作戦を組んで労務政策をやってきたわけです。ところが、われわれは、ゲリラ的な闘いをします。彼らに言わせたら、「関生のやり方は入り口はいくらでもある」「こっちから入ってくると思ったら、全然違う方向から入ってきたりする」と。

つまり、「戦術は水の如し」といつも言っているように、相手の出方によって戦術は本当に多様性を持って対応する。したがって、一級の労務管理が来ても、どうしても対応できないわけですね。もうお手上げ、ほとんどギブアップです。

やはり、われわれはまずは、大きく世の中をどうするのかということ、そして、産業をどうするのかということ、その理論的な確信ですね。その上で、戦術的には自分で固定しないことです。戦術というのは、例えば、ストライキとか、指名ストとか、色んな戦術があるでしょう。そういうものを、「これしかない」と戦術を自分で縛るような固定した仕方をすると、闘いには勝てない。戦術は多様性を持ってやろうと言うのは、そこなんです。

独占資本同士の対立矛盾、利害対立がある。また、独占資本と中小企業の対立矛盾がある。労働者と資本の対立矛盾がある。そこに刺し込んでいくような対応をしていけば勝てるのですよ。

例えば91年から93年まで、会社は潰れていったのですが、しかし、協同組合はセメントメーカーと一緒になって、労働組合潰しに走った。実質、セメントメーカーが、組合潰しを本格的に始めたのが81年ごろからです。81年に直系を中心とした「弥生会」ができて、そして弥生会はセメントメーカーの意向を受けて、権力も一体になって組織的に潰しにかかってきたわけですね。共産党まで巻き込んで、われわれを分裂させる。そしてまた、ほとんど回答らしい回答はなく、従来の労働条件も全部改悪してしまう。これが82年からです。

（註　「弥生会」は、セメント直系企業の三菱セメント、住友セメント、小野田セメント、日本セメントという独占4社の系列が中心となって構成され、関西での「労使間の力の不均衡」に対して作られた。）

彼らは81年に体制を作って、82年から本格的にやってきたわけですよね。すごくわれわれは苦労したわけですよ。苦労したときに、今言っているように戦術の多様性を持ってやったから、打ち勝ってきたわけですね。

例えば、労働運動で不買をするということも、今の労働運動ではほとんどそういう発想は生まれないですね。要するに、できの悪いメーカーは不買、つまり、他のメーカーに代えてくれと要求する。それは相手の一番弱いところですね。強そうに見えるんだけれど、製品を売り込むのに一生懸命だから、彼らは。その闘いは、独占同士の矛盾対立に刺さり込んでいるわけですよ。

もう一つ例をあげれば、その当時、共産党は協同組合を強めることだけに狂奔したわけですね。われわれは、協同組合がセメントメーカーの利益代表になり、労働組合潰しの牙城になっているときに、これは協同組合を潰した方がいいという判断をした。どうしたかというと、アウト企業と共闘する、それから輸入セメントと共闘する。これは労働運動の発想からすると、とてもそこへいく人はいないですね。

つまり、輸入セメントとかアウトと共闘するということは、競争相手が全然違うパートナーと組むということになったら、逆に、相対的にアウトの方が強くなっていくわけですね。そうすると、協同組合の力が弱まってくる。セメントがうまく協同組合を利用して、われわれを攻撃しようというやり方ができなくなってしまうということです。

権力からいかなる攻撃があっても、それを跳ねのけて94年に広域協組ができるときには、われわれの力がなかったら何もできないところまで、業界はいってしまったわけですね。

これは、戦略をしっかり立てて、戦術を多様化できるから、そういうことができたのです。また、基本戦略がはっきりせずに、戦術だけにいってしまうと、これは間違いが起きますが、しかし基本戦略だけを立てて、戦術はどうでもいいというやり方をすると、これもだめになってしまう。独占の支配は、そのときの状況に応じて、彼らは彼らで知恵を絞ってくる。協同組合を通じて、支配した方がいいと思ったらそうしてくるし、いや、これは協同組合を通じては支配しにくいと思えば、別の方法を彼らは考えるわけですね。相手がそう考えるのに、われわれは固定した戦術をやろうとすれば、全く相手の術中にはまり込むだけでしょう。

そういう意味で、関生の歴史を総括し、教訓化する場合は、独占資本というものを巨大に見る必要はないのですよ。基本的に彼らの中には、避けがたい矛盾がある。資本というのは、そういうものですよ。資本同士が完全に一致するというのは難しい。資本同士というのは、競争し合っているからです。

必要性から出てくる問題意識

――今の武さんのお話は、いわば攻防の弁証法というか、闘いの根本にある哲学の「モノの見方・考え方」を聞く思いです。それがまさに運動のスタイル、方針の立て方自体に貫かれていて、すごく弁証法的ではないでしょうか。

武建一　やはり運動というのは、「必要」を感じなければならないと思うわけですね。まず、必要からスタートするわけですよ。その必要というのは、感度・感性をぐっと広げておかなかったら必要と感じないですからね。どんな攻撃があっても、人によっては全く必要と感じない場合もあると思います。

必要から運動はスタートしますが、必要というのは絶えず自分の感性による。つまり、自分は労働者である、労働者階級の利益代表人である、という立場をはっきりさせて、日々の問題、世の中の動きを見る。必要と感じたものについては、全部がそこに集中する力があるんだなという気がするわけですね。

例えば、先ほどイタリアに行ったときに、ホテルができ上がっているのに開業していなかった話をしましたね。人によっては、それをただ見るだけで何も感じないわけですね。「あれはどうしてそうなっているのか?」「あれはCGILと事前の協議・同意がないから、ホテルが開業できなくなっている」「何でそんなこと考えているの?」「雇用政策について責任のない、そんな無秩序な投資をするのはおかしい」。

これは、同じバスに乗って走っていても、不思議に思って何だろうかと受け取る人と、そうじゃない人では全然違うわけですね。しかも、聞くだけでは意味がないですね。「なるほど、これは帰って生コンに活かせるんじゃないか」と受け取る人と、ただ聞いているだけの人とでは、全然違うのですね。

だからやはり、必要から運動はスタートしますが、その運動に影響を及ぼしている人は、りんごが落ちるところまでは関心がないとしても(笑)、絶えず、何だろうかという問題意識を持っていたら、そこから運動は発展すると思います。

私はそれぞれ影響を及ぼしている人たちの果たす役割は、非常に重要だと思いますね。いくら時代状況が成熟し、運動において客観的な団結条件があると言っても、運動を進める主体の側の方がそういう感性や問題意識がなくては、その客観的な条件を活かせるはずがないですからね。

——このような優れた運動の方針化というのは、生コン支部の場合はやはり、武さんのイニシアチブですか?

日韓労働者連帯集会

武建一　10数年前までは、ほとんど私が議案書を書いていましたが、15、16年前からはほとんど書かなくなって、全部みんなで分担しようということにしましたね。これがよかったのかというと、あまりよくなかったような気がします。

それまでは、全部私が議案書を書いて、総括を書いて、運動方針も書き、その全てに関与していたわけですね。政策を立案するための骨格も作ったりしていました。ところが、このところこれはやっていないですからね。全部分担しよう、分担した方がそれぞれが成長するんじゃないかということで、それをやったのですが。それがよかったかどうかを、検証しなければならないという面もありますね。

――ちょっと話がそれるかも知れませんが、武さんの天賦の才にもよるのですが、その位置というのは特殊だと思いますね。他の人が真似できないというか。他の幹部の人たちとご自分は、どこが違うと思っていますか。答えにくい質問かもしれませんが、ぜひ、お聞きしたいのですが。

武建一　やはり私は、自分の生まれた原点が違っているかも知れないですね。徳之島で、おまけにすごい貧乏からスタートしているからね。当時、世の中全体ももちろん貧乏だったけれど、家庭的にもずいぶん貧乏な状態を経験していますからね。要するに、父親不在の状態が続いて、幼いころから母親1人で生活保護を受けるような状態を経験していますからね。

それが原点です。人の痛みをすぐに理解するというのか、放置できないというのか、苦しい悲しい思いをしていることについて、「何かできないのかな」と。ただ、関心を示すだけではなく、何かできないだろうかという気持ちがあります。そうすると、何というか、やはり世の中に対して関心を持って見るというのか。その原点の違いが、まず一つあると思います。

もう一つは、人は過去にあったことを教訓的に活かそうとする人間と、そうでない人間がいますね。例えば、具体的に言えば、色んな過去の人とのつながりがありますよね。そうすると、こういう役員になってくると、過去の人たちとのその時代のつながりと今とは違うでしょう。人によっては、過去のそのつながりを無視したがる人もいるわけね。私は過去の、自分が苦労していたときに付き合っていた人たちの思いというのを無視できないですね。

人によってはこうも言うんです。「もう大委員長なんだから、下々の人とは会わないでくれ」と。経営者でも色んな人がいるわけです。「そういう人たちとは会わないでくれ、値打ちが下がる」と。そういうことをしたがる人もいるわけですね。ある程度のレベルになると。

私は、そんなことはとてもできないですね。そういう過去というものを引きずって現在があるわけですから、過去のことをおろそかにするような、そういう生き方はできない。要するに、過去・現在・未来に責任を持つということになれば、そういう人とのつながりの問題、過去を大事にしなければいけない。そして、過去から学んで、これからに活かすということをしなければならないと思います。

――今回の弾圧で勾留されていたとき、裁判に出てくる武さんは、毎回よれよれのジャージーで出廷されるので、支部の方に背広を入れてあげて下さい、と言ったのです。すると背広を入れても、武さんがもったいないからジャージーでよいと、差し入れても着ないのだと聞きました。その辺のところも、何か関連してお考えがあるのでしょうか。

武建一　スタートからすると贅沢ですよ、今のわれわれの生活は。贅沢を必要以上にしてはいけないという気持ちですね。普通のわれわれの組合員のレベルでも、今、年間所得は800万円前後あるでしょう。それはいいでしょうけれど、それ以上の贅沢をしてはならんと思います。結構、私は着ているものから見ると、贅沢しているように思われるんだけれど、実はこれは自分で買っていなくて、プレゼントが多いのです。私はこういうのも気になっているんですね。だけど、それをくれた人に悪いから、置いておくわけにもいかなくて着ていますが、実際、気を使っているんですね、こういうのも。

だから、家族の生活も、並以上のことは一切させないと言ったらおかしいのですが、そうするような習慣がないですね。普通の状態を維持するというのは、簡単なように見えて結構難しいんですが、その普通の生活を維持することに努めなければいけない。その思いを実践しなければいけないと思います。

それから、私がもっと若かった時代は、あれもこれも全てこなしていく。争議指導もするし、組織拡大の話もあるし、交渉もあるし、全てを全部1人でこなさければならない。そういうのがわれわれの時代でした。活動家もそんなにいなかったものですから。

今は、組織部は組織部、争対部は争対部。専門分野にするのはいいんですが、それだけで横のつながりが薄くなっているわけですね。「おれは争対をすればいい」「おれは組織をすればいい」という風に。ある程度は必要だけれど、横のつながりが薄くなっています。しかも、われわれの時代から見たら、争対も組織も「何をやっているのか」というようなことがありますからね。

要するに、想像力が働いていないと思います。あれもこれもしようと思ったら、逆に想像力が働くんですよ。働かざるを得ない。結果が出てくるわけですから。しかも、結果に責任を持という意識が強い。約束事は地球と同じくらい重い。もし、約束が実行できなかったら、ものすごい恥ずかしい。恥ずかしいだけではなくて、約束を実行できない人間がよくいい加減なことを言っているな、たいそうなことを言っているな、という風に思う生き方を私はしてきました。

ところが、今、一番悪いのは政治家を始め、上にいる人間ほどどろくでもないことをして、恥じらいがないですからね。その影響がわれわれの組合員にも映るわけですよ。だから、約束に責任を持つ、自らの言動に責任を持つという中で、全てのことに関心を持ち、全てのことについて最善を尽くすべきです。

結果は100%を求めるんだけれど、必ずしも100%に到達するとは限らない。しかし、到達できなかった場合は、何かの原因があってそうなるわけですね。何でそうなったかということを検証して、それを教訓にしていけば新たな前進がまた見られるわけですね。

結論として私が言いたいのは、今の活動家というのは「全的」に、もっと「全的」にモノを見る。そして、個別に与えられた任務もきっちりやる必要がありますが、しかし全部と協力しながら組織が成り立っているという意識を、実践面でも活かせるようなものにしなければいけないと思います。

しかも、情熱がなければだめですね。情熱を失っている人は、いくら理論的に立派でも全然だめなんです。情熱、やはりこれが決定的に必要だと思いますね。

産業政策闘争の発展期

――話を産業政策に戻します。1981年4月15日の雇用福祉協定ですが、工業組合を窓口にして近代化委員会、労働組合と締結する。それが政策運動の最高潮期と言われています。その後、1982年の32項目へと至ります。具体的なその経過を教えていただきたい。

武建一　当時の工業組合の実質的な指導者は、田中裕さんなんです。工業組合の理事長は、大阪セメント出身の武藤さんという方だった。しかし、実際は田中さんが指導していた。田中さんは宇部の代表で、宇部の直系工場を10工場ほど持っていました。一級労務管理士がいてもどうにもできないから、田中さんにお願いします、ということで田中さんは労働組合対策として入ってきたわけです、宇部に。これが73年です。

田中さんが入ったときの経過と、例の「T・Tライン」の話については、前に話しましたので繰り返しませんが、関生の大きな転換になった闘争であったことを強調しておきます。

その後、田中さんがどうしたのかというと、田中さんはなかなか賢い人で、完璧に負けたその次には、「労働組合の活力を生かして業界をどうするのか」という風に発想を変えたわけですね。それが1973年です。それから、あの人が意識転換というか政策転換をして、10工場も持っていたから結構影響力があったこともあって、そういう方向で徐々に工業組合の実質上のトップに上りつめていった。

潜在的に組合に対する恐さというのか、ろくでもないことをするとしっぺ返しが大きいんだということを、彼はよく知っているわけですよ。そういうことがあって、労働組合の力を借りるには、値段を戻してきちんとゼネコン・セメントメーカーに対して、この業界の地位を確保するということに加えて、労働者に対しても条件を与えなければいけない、そういう発想が実体験としてあの人の中にあったのですね。

もし、73年のときに今、説明したような反撃をわれわれがやっていなかったら、逆だったと思います。今、セメントメーカーがやっているように、ただ労働組合を利用するだけだと思う。ところが、彼は実体験があるものだから、やはり労働組合に対しても条件を与えなければならないという発想になった。

――1970年代前半の、あの激しい闘いが活きているのですね。

武建一　そうです。そういうことがあって、彼が実質的な支配力を持っているときには104日の休日をやったり、賃上げをしたり、それから雇用協定もしなければならない、ということになったんですよ。

その当時も、直系工場、セメントメーカーの連中からすると、連帯雇用保障なんてとんでもない話だという意識だったのです。まして、労働組合と工業組合が未組織まで拘束してそれを行う。メーカーから見ると、労働組合に産業を乗っ取られるという意識だったから、とんでもない話だというのが日経連、セメント協会の見解だったんです。

ところが田中さんは、「自分が決めたことについて、文句があるなら誰か代わりにしろ」と言ったら、誰もやる人がいないものだから、彼の決断でそういう風にやったんですよ。勝手に決めたのではない。ちゃんと工業組合の理事会とか、全体集会とか、それで決めた。そのときには、セメントメーカーは声を出そうとしても出せる状況じゃない、少数だから。出したとしても否決されるから。だから、田中さんの決断があってあれはできたのです。

田中さんの決断は、それだけではないんです。この10年ほど前に、125日の休日制度ができましたね。このときも、セメントメーカーは強烈に反対したわけです。反対したけれども、やはり労働組合の協力のためには出すべきだ、休日も増やすべきだということで決められたんです。125日の休日制度は、あの人がいなかったらできないんですよ。他の直系の連中はやる気がないし、専業の人はそれだけ影響のあるリーダーがいないんです。セメントメーカーを気にして、絶対、条件をどうこうするということは出てこないのです。

そういう意味では、田中さんが実体験を通じて決断をしたし、決断をさせた。業界をまともにしたという点と、労働条件を安定させたという意味においては、田中さんの影響は非常に大きかったですね。そして、田中さんがいなくなってから何が起きているのかというと、今、見て分かるように、セメントの言いなりになって、協同組合をセメントの支配の道具にしようとしていますね。だから、賃上げがゼロでずっと続いています。そして、せっかく得られた週休2日も崩そうとしていますね。

だから、絶えず表に出てこないセメントメーカーとゼネコン、それとの綱引きをやっているわけですよ、われわれは。そのときに、セメントメーカーとか、ゼネコンに対してもきっちりとモノを言う立場の専業の人が出てこないと、セメントメーカーの直系に支配されるのです。結局は約束事を反故にしても、何とも思わないということが続くわけですね。今の状況はそうなっているんじゃないですか。

裏返したら、もっと労働組合がしっかりしなければ、過去みたいに労働組合を無視したり、労働組合との約束事を反故にすると、しっぺ返しがあるんだということを示さなければ、この業界はまともな方向にならないんです。

事業協同組合とは

――ところで、労働組合は事業協同組合に、具体的にはどのように関係しているのでしょうか。また、その全国的な実情は、どのようになっているのでしょうか？

武建一　そうですね。事業協同組合活動への結集と言っても、全国に6万近くも協同組合がありますが、形だけの協同組合で実際は機能していないのがほとんどです。それはなぜかというと、大資本や権力からすると、形だけは中小企業の振興育成に必要な事業団体ですが、天下りが入っていて、そして本当の意味で中小企業が団結し、大企業と対等取引をすることはやってほしくないからですよ。

ところが、大阪を中心とした生コンの協同組合は、中身を本当の意味で中小企業の振興育成に役立つような協同組合にしていこうというのが、われわれの政策運動でしょう。つまり、犠牲を受けている者が、共通したテーマで団結できる。大企業の収奪が強まれば強まるほど、それに対して中小企業を結集させて、労働組合がその運動を強力に側面から支援する。そういう構図の中で、共同受注・共同販売・共同集金・現金回収、そして休日を増やすことによって需給調整をするとかいう方向ができて、この業界の秩序が維持できているわけですね。

だから、「産業政策」というのは、ただ文章で掲げたら、自動的にそういう方向に変わるものではない。それはやはり、労働組合の団結力と行動力が背景になければ、産業政策というのは実行あらしめることはできないのです。

その一番いい例が、生コンだけではなく、バラセメントや圧送業界、あるいは、生コンで言えば和歌山、滋賀、京都、奈良、神戸、神明、そういう地域です。われわれが具体的に政策運動を手助けしている地域は、比較的安定しているわけですね。ところが、それをやっていない地域はバラバラになっています。

中小企業をまとめる産業別労働組合

――やはり、政策闘争での労働組合の役割は大きいということですね。しかし、生コン業界も中小企業が多いと思いますが、こういう中小企業をまとめていくというのは大変なことなのではないでしょうか。

武建一　そうですね。中小企業というのは、お互いに利害対立する者の結合体でしょう。利害対立する者の結合体だから、相手の会社が潰れるのを期待して待っているのも結構いるわけですね。

ところが労働組合は、産業別労働組合であれば、各会社の利益に影響されずに業界全体を捉えて、業界全体がいかにあるべきか、労働条件・賃金決定において社会的なコストというのはどうあるべきか、労働コストはいかにあるべきか、したがって、運賃はいかにあるべきか、売り値段はどうあるべきなのか、ということを産業別的な視野で見るわけですね。

しかし、現在の日本の労働組合は、企業別になっているから、運動も企業別の範囲で止まってしまっています。だから、産業のことよりも、自社の利益があるかないかだけを議論するわけですね。するとどういうことになるのか。自社が利益を上げるには、他社の荷物を取ってきてでも他社と競争して、それにうち勝たなければいけないとなってしまうでしょう。

つまり、企業間競争に、労働組合が入り込むということですね。こちらがそういう立場で競争する、こちらの労使も同じようになって競争するわけですね。労使が競争をしていくということになれば、今の政権が進めているように、競争社会・市場原理主義、すなわち、これは徹底的な弱肉強食の競争をさせるということです。だから、そこで生じてくるのは、ごく少数の力の強い者だけが生き残って、多数の者は犠牲になる、その構図ですね。それが、トラックやバス・タクシーで起きている現象ですね。

それをわれわれはさせない。つまり、中小企業同士の競争を抑制する。労働者同士の競争を抑制する。何のためか？　団結し、それぞれの地位を向上させるために、それを求めているわけですね。大企業や権力から見ると、これが「資本主義の根幹に触れる」という風に見てしまうわけです。

要するに、資本主義というのは、競争原理をどんどん発動させることによって成り立っているわけでしょう。そして、人殺しの製品でも何でも、金儲けになるんだったら開発しますね。人の暮らしに役立つとか関係ないですからね。

だから、市場原理主義は間違いです、一番弱いところに犠牲がきますからね。弱い人たちが束になって、そういうやり方に「ＮＯ！」と言うべきです。金儲けのための、手段を選ばない

生コン産業の危機突破を訴える自動車パレード

というやり方に「NO！」と。

そうすると、資本主義を必死に守ろうという立場から見ると、脅威に感じるでしょうね。今の関生への権力弾圧の根っこは、そこから来ているわけですよ。労働者と中小企業にとっては当たり前のことだけれど、権力と少数の特権階級から見ると、それは非常に怖いという風に映るでしょうね。

しかも、日本の労働組合がまともなことをしないものですから、まあ、枯れ木をずっと山に積んでいるようなものだから、最も頼られる労働運動が、そこにちょっとした火をつけると、一気に燃え広がってしまうという危機感を持っているでしょうね。

画期的な32項目の労働協約の経過

――雇用福祉協定と32項目の労働協約の具体的な流れについてですが、そもそも32項目というのは何か、なぜ32項目が決まったのか、どういう形で決まったのかをお聞きしたいのですが。というのは、この32項目はある意味での集大成というか、画期的な内容を含む関生型労働運動が、今の言い方をすれば、社会的労働運動の内容を先取りしていることを見事に示していると思いますから。

武建一　32項目というのは、この内容を見て分かるように、産業別的な雇用政策、産業別的な福祉政策、産業別的な労働条件のあり方の問題がこの中に網羅されているわけですね。

それは、われわれの労働組合が発想して、そして、当時共闘している労働組合の中でもこれでいきましょうと、労がまとまってこれを工業組合に提起しましょうということになったんです。そして、工業組合もその要求を認めなければ、構造改善事業が前に進まないということでこれを認めたものです。

当時は、もし協同組合が共同受注・共同販売・現金回収というところにいかなければ、過当競争に入ってほとんど潰れてしまうという、そういう時代背景がありました。その共注・共販体制を維持しようと思えば、やはり労働組合の協力がなければ維持できない。だから、労働組合と協力しようと思えば、労働組合の要求についても認めなければならないということで、この32項目が成立したわけです。

——労使で合意されたわけですね？

武建一　そうです。

——それがのちに「協定」がないとか、色々な話になっていきますね。いわば伝説の……のように。その辺が分かりにくいのですが。

武建一　そうです、のちにね。これは、権力に全部脅されたと思います。共闘していた労働組合の幹部も、「協定書なんかなかった」とのちに言ったのですが、これは警察から脅されたと思います。セメントメーカーは分かっていながら、「あれはT・Tラインで決めた」と、こういう宣伝をしたわけですね。中小企業の中でも、この協定は結局、一定の負担がかかるわけですね。お金がかかる、施設を作ったりするので。それを出したくないから「あれはT・Tラインだ」というようなことで、セメントメーカーの尻馬に乗った業者もいたわけです。

だから、いくら立派な協定書ができ上がっていたとしても、団結力と行動力が背景になければその協定書はだめになる。今の日本の憲法だって一緒でしょう。憲法9条では、明確に軍隊を持てなくなっている。交戦権は否認されているわけですね。にもかかわらず、軍隊を持っている。憲法は完全に死文化しつつあるでしょう。

同じことですよ、労使の協定だって。やはり闘う力が失われると、いくら立派な協定書があっても、これはただの絵に書いた餅に過ぎない。そういうことじゃないでしょうか。

そして必ず、そのときには資本が直接言ってくると反撃されるから、労働者の中に「あれは実は違うんだ。一部の者が勝手にやったんだ」という人たちを、スピーカーとして使うわけね。現在で言えば、建交労という労働組合をスピーカーに使っていますね。生コン産労は、今、われわれと一緒にやっていますから。労働者を分断し、そして、醜い自分の姿を隠すために、その代理人みたいなものを使って労働者を分断してくる。この32項目の協定も全く同じことですよ。

この協定が完璧にその通り実行されておれば、素晴らしい業界ができていた。つまり、今みたいにアウトを新設するということがとてもできない。新規参入によって無秩序に工場ができて、そして、値段が下がるということなどはあり得なかったと思います。

今から3年前ですが、関西生コン業界の50周年の記念パーティーのときに、この32項目ができた当時に影響のあった、のちに全国工業組合連合会の専務理事をなさっていた石松さんが、「この32項目は非常に先見性のあるものであった。これがその当時実行されていたら、モデル的な業界ができたであろう」という風に評価していたんですね。

それほど価値のあるものなんですよ、この32項目というのは。やはり、セメントメーカーだけでは、労使関係を逆転させることは難しいから、権力を使って労使関係を逆転させようとしたということですね。

32項目の労働協約の内容

――その通りですね。少し長くなると思いますが、重要な地平とも言える１９８２年８月の労働協約事項である32項目の内容を、一つひとつお聞きしたいと思います。

武建一　まず、（１）の「茨木、小川、矢田の雇用責任とシェアー配分」というのはこの当時、小型生コンで協同組合が集約した工場です。集約したことによって、失業者が発生したわけですね。その失業者について、工業組合の責任で各工場に受け皿を作るということです。

それから、「シェアー」と書いてあるでしょう。この三つの工場のシェアを労働者につけていくわけですよ。三つの工場は、コンマ何％かシェアを持っている。３人受けているところは、その比率に応じてシェアを決めていく。これが１の内容ですね。

（２）「組合員統一化による支部・分会の撤収費用の負担」。これは、要するに撤退するでしょう。そうすると、分会がなくなってしまうわけですよね。簡単に言えば、それによる実損および解決金を払えということです、2で言っているのは。

（3）「SSの集約化と雇用の確保」。SS（メーカー間の拡販競争）がもともと多すぎるから、セメントメーカーが過当競争してしまう。セメントメーカーの過当競争を生コンで代理戦争させる。それを抑制するためには、セメントメーカーは近畿2府4県で50数工場ありましたが、それを3分の1くらいに絞れと。そのくらいに集約してしまうと過当競争しにくい状態になる。しかし、そうなると雇用問題が発生するでしょう。雇用問題は業界の責任で保障しなさい、というのがこの3ですね。

（4）の「生コン工場の新増設の抑制」。これは「かるも島」でやったようなこと。このときの特徴は、新設だけではなく増設も言っていること。増設とは、1000リットルの能力のところが1500リットルとか2000リットルに増やすことを止めさせるということです。今は新設反対だけで、増設は認めているわけですね。しかし、増設を認めると新設と同じ効果が出るわけですね。1000リットルのところが10工場あって、500リットルずつ増やしたら5000リットル増やしたことになるわけでしょう。だからやはり、やるならこの当時やっていた「新増設抑制」というのが一番正しいんです。

（5）「年間休日104日の増日」。これは、104日にとどまらず、もっと増やそうということ。104日というのは当時、全部実施したわけですね。

（6）「第2次共廃とシェアー配分」というのは、労使合意によって共同で工場を廃棄するわけですね。そしたら、シェアの配分も適正公平にすると、こういう意味です。

（７）「セメント窓口の確認」。要するに、セメントの窓口というのは工組。大阪兵庫工組は工組代表、その他は近畿地区本部長」。要するに、セメントの窓口というのは工組。これが大阪・兵庫の場合は工組の代表ですよ。近畿のその他の場合は近畿本部長。要するに、大阪・兵庫以外に和歌山とか奈良とか滋賀県があるでしょう。京都もそうですが。そういうところは、近畿本部長が窓口になりますよということです。

（８）「希望退職者、退職金負担の問題」。希望退職者については、まず会社は〝肩たたき〟をしないこと。本人が事業をするとか、転職をするとか、あるいは故郷に帰るとか、何かの理由で本人が希望する場合、この人については、１年分の賃金プラスα、餞別金を出す。当時、多い人で大体１５００万円あったんですけれどね。そういう風に希望して辞める人への退職金の増額です。退職金はそういうものを一つの基準として作り上げて、以後の希望退職者にもそれが適用されています、現在でも。

（９）「配点先労働条件の取扱い」。要するに、集約した工場の労働者が、例えば新淀生コンが集約された場合、宇部に配置される場合があるわけですね。その場合、新淀の労働条件と宇部は違うかも知れないわけですね。それについてきちっと話し合いをして、その前の労働条件並にしていこうではないかということですね。

（10）「竹野ロッジの建設を計る」。この段階ではまだ竹野ロッジができていなかったからこれを作ろうということです。

（11）「生コン会館の設置」。これはね、生コン会館を作って、そこには、工業組合も協同組合も労働組合も、それから結婚式場もセットしたものを作るということになっていた。これは、敷地の設定までいっていたんですが、弾圧以後、結局だめになったんですね。

（12）「直系の専業化と輸送の一本化」。直系というのは、セメント資本が資本を出資し人事も握っているわけですね。そのことによって、中小企業の生コン産業を支配しようとしているわけです。この構図は当時から今でも変わっていない。それをなくしていくには、直系を全部なくしてしまおうと、全部専業化してしまう。そういうことによって、生コン協同組合のセメントからの自立を図っていくということです。

そして、輸送の一本化という意味は、輸送というのはたくさんの専属輸送がありますね。それを協同組合の中で、共同輸送システムを作ってそれを一本にしようということ。そうすると、その輸送会社と協同組合との、共同契約が成立するわけですね。新規参入なども抑制できますね。

生コン産業年金制度の確立

（13）「小型の適正生産方式の設定」。当時は、大型工場、中型工場、小型工場とあったわけです。だから、小型の場合は１５００立方メートルくらいとか、１０００立方メートルくらいとか、工場の規模の出荷数量はそんなもんだったんですが、これは損益分岐点がはっきりしない。それで、適正生産方式というのは、どのくらいのコスト、原価、それから原価を構成する賃金とか、労働条件とか、原材料の購入とか、その他の管理費、そういうのをきちんとして、小型が大体どのくらいの規模の場合、どのくらいの出荷を出せば適正な利潤が確保できるのかという方式を、早急に出そうではないかということです。

（14）「第二次共廃（神戸以西七協組）」。これがね、この時期にほとんど遅れていたわけですよ。神明とか東播とかそういうところですね。これは、この地域に労働組合がほとんどなかったこともあって遅れていたから、これをきっちりやり上げていこうではないかということです。

（15）「生コン産業年金制度の確立」というのは、厚生年金以外に生コンとして独自の産別年金を作ろうということです。

（16）「生活最低保障制度の確立」。これは74年に、われわれの組織のある企業では50時間保障制度というのができていたのですが、これを未組織も含めて生コン業界の最低保障制度というものを明らかにしようではないかということです。

（17）「総合レジャーセンターの建設（一〇〇億円構想の一環）」。ここにゴルフ場の開設とか、雇用創出に必要なその他の娯楽設備などを全部作り上げていこうではないか、100億円ほどのお金があったらいけるんではないか、ということです。

（18）「セメントの逸失利益の還元」というのは、要するに高くセメントを買わされている地域は、過去にさかのぼってその差額分を生コン業界に返せということです。これにね、セメントメーカーはすごく抵抗したようです。「要求自体が間違っている」という言い方をしたようですが、われわれから見ると当たり前の話でした。

（19）「レクリエーションの実施（56年度分を57年度に上乗せする）」。これはどういうことかというと、昭和55年に六甲山系に組合員と家族を、弁当も工組から支給してレクリエーションをやったんです。それを56年と57年はやっていなかったから、その分もちゃんとプラスして出しなさいということです。

（20）「海外視察団の派遣」。これは、協同組合の先進国であるヨーロッパあたりに行って、協同組合を学んで来ようではないかということです。

退職金の労働組合管理

（21）「退職金の保全（50％は労組が管理）」。退職金の保全は、「退職金は全部労働組合によこせ」という要求をしたわけですね。なぜかというと、会社が潰れたら、退職金なんか積み立てていない会社もありますからね。これはずっと交渉を進めていて、50％くらいまでやむを得ないなというところまでいっていたわけですね。

どういう発想で出たのかというと、チームスターユニオンなど、ほとんどアメリカの場合は年金などを組合管理にしていますね。退職金を組合管理にすると、財源的にもすごく力が強くなるから退職金を置いておく必要はない。「敵の武器を取って敵と闘う」というベトナム人民の教訓を生かすには、これは一番活用できるものではないでしょうか。だから、この保全という意味は、退職金は労働組合管理にしようということから、まず100％退職金をよこせ、労働組合が管理するというようになっていたんですよ。

（22）「業種別・職種別賃金体系」というのは、トラックの運転手、製造技術者、事務系、出入り業者がおられますね。そういうものについて、きちんと賃金体系を統一化していこうということです。

（23）「私傷病補償の統一」。私傷病で休んだ場合、60％は当時、国から出ますね。あと、足りない40％を補てんしている会社と、まだそれを補てんしていない会社もあったから、これを１００％に統一しようということです。

（24）「交通事故処理案の作成」。交通事故があちこちで起きたりした場合に、そのマニュアルを作ろうということなんです。重大な過失があった場合には、本人の負担とかいうようなところもあった。しかし、「重大」かどうかは労使で協議して決める以外にないわけだから、勝手に決めたらだめですよということです。そういうものをちゃんと作り上げようということです。

（25）「年次有給休暇の取得条件」。年次有給休暇というのは、23日まで保障するところもあれば20日までしか保障しないところもあった。その取得条件を統一しようではないかということです。

（26）「人員補充、1車1人制と製造人員」。要するに、車1台につき1・1人は最低必要ですよということです。補助がいなくて1車につき1人では、有給を消化したり本人が病気をしたりするときに車が回っていかないわけでしょう。だから、車1台につき1・1人、これを補充しますよということです。製造についてはまだ、例えば試験が何人とか事務所が何人とか、そこまで決まっていなかったから、それは基準を作って、それで補充していこうではないかということです。

（27）「会社設立記念日の取扱い」。これは、なぜこういう問題が出たのかというと、全港湾の労働組合は海運記念日に休みだった。まだそこまでいっていなかったけれど「うちは海運記念日は優先して休むんだ」という風にね。それで、会社設立記念というのは、バラバラで全く違うでしょう。設立記念日にバラバラに休むということでは、休むところもあれば休んでいないところもある。そういうのを年間休日に入れたらどうかという話の中で、こういうのが出てきたということですね。

（28）「人間ドックと再診」ですが、これは45歳の一定の年齢に達したら、会社の負担で人間ドックをきちんと受けられるようにしようということです。

（29）「一時金欠格条項の統一化」。これは、一時金の支給に当たって、事故が多い人はカットが多いとか、出勤率の低い人はカットが多いとか、そういうことが一部のところでやられていたわけですね。うちの組合以外のところで。だから、それはだめじゃないか。それから、私傷病で休んだ場合、それを全部カットするところもあれば、１００％カットなしのところもあります。それを統一化していこうということです。

（30）「生コン運輸共済金の機能回復」。これはどういうことかというと、共済制度をスタートして労働者が当時２５０円くらいの負担かな、経営者が５００円ほどの負担をして共済事業というものを作ったわけですね。機能回復というのは、できているけれど実際には運営が十分じゃない。だから、共済事業にふさわしいように、例えば、結婚お祝い金はそこからいくら出すとか、不幸事についてはどうするとかそういう規定があったんですが、そういう委員会をきちんと機能化させていこうということです。

（31）「満57歳以降20％カット分の積立、運用方法」。ここで言っているのは、57歳になったら20％カットしていいですよ、ただしそれは会社が取ったらだめ、この20％は年金に、先ほど言った産業年金ですね、そこに入れて、その人が定年になったときには年金にプラスできるように、そういう仕組みを作ろうということです。

（32）「組合活動の賃金保障統一」というのは、組合活動は保障されている企業もあれば、保障されていない企業もあったので、これを統一化していこうじゃないかということです。

これが32項目に当たる内容なんですよ。

——本当にすごいレベルが高いですね。その、先ほども話されていましたが、「セメントの逸失利益の還元」や「退職金の保全」というのもハイレベルの話だと思うのですが。レベルで言えば日本の労働運動の1ランクも2ランクも、上の要求が貫徹されているような気がします。

武建一　たぶん、先ほど私が言った、必要をどう感じるかの問題だと思いますね。繰り返しになるかもしれませんが、ベトナム戦争を見た場合でも、どうしてベトナム人民は、アメリカ帝国主義と闘っているか？　爆撃機が一番接近してきたとき、一番危険だけれど、その一番危険なときに一番チャンスがあるんだ。なぜかというと、下から撃てば鉄砲でも届くから。一番危険だけれど一番チャンスがある。

「危機はチャンスの裏返し」というのは、そういうところから学んでいるわけですね。そして、その撃ち落としたものを武器にして、相手と闘っているということは、こういうところに活かされているわけですね。

チームスターの話を聞いたときも、「いやぁ、アメリカの労働組合は役員の報酬がでたらめに高くてダラ幹が多い」というのも反面教師としてあります。年金が利権になっている面もありますが、この退職金などを有効に活用すると武器になるのです。

そういうところをヒントに捉えるわけですね。色々な制度というものを、生コン流に活かしたらどういう風になるか、という発想が働くからこういう要求が出るわけですね。だから、私たちから見ると当然だと思うけれど、必要と感じていない人から見ると、「なぜ、とんでもない要求を出すんだ」となりますね。

――権力弾圧で反故にされたとしても、こういうものが一旦認められたという運動の成果ってすごいですね。

武建一　すごいと思いますね。だから、この32項目は、あるのかないのかという話があって、中身をほとんど検証する機会はなかったと思いますが、その時代にそういう発想で創られているということから、では現在、それをさらに発展させる方法はないのか、と受け止めることが大事だと思いますね。

産業政策運動の今後

――全般的に産業政策というのは、関生支部の全国に先駆けての闘いであり、そして、大事なのは実績を残しているということですね。ただ、これを言うことは簡単ですが、実績を残しているというのは、非常に大きな成果だと思います。しかし、産業政策をここまで30数年やってきての限界と言いますか、今、何が宿題として残っているのか、ということについてお聞きしたいのですが。

武建一　要するに、政策闘争をやっていくと、こういう現象が生まれるわけですね。目の前の敵が、あまり実感として理解できなくなる。つまり、産業全体をどうするのか、という政策闘争なので、直接雇用している相手から不当労働行為があるとか、団交でうまく前進しないことについてけしからんとか、相手からの直接の攻撃があまり見えないから、怒りとか憎しみというのが非常に発展しにくい。社会運動というのは労働運動を含めて、結局、相手の攻撃の存在に対して要求があり、怒りがあり、展開するわけですね。そういうのが薄まっているという面があるわけですね。

もっとレベルが上がって、産業政策を推進するためには、妨害しているものが必ずあるわけですが、それは、権力であったり、セメントメーカーであったり、ゼネコンであったり、販売店であったりするわけですよ。これが背後にいる敵だから、今回みたいに相手が弾圧してくると実感的に反撃ということが出てきますが、セメントメーカーとかゼネコンというのは、ゼネコンは買い叩きをする、セメントメーカーは一方的にセメントの値段を上げる、敵はそういう風に出てきている。しかしそれが、直接の脅威、あるいは、直接の被害、直接の怒りというところまで高めるという点では、もっとこの作業が必要ですね。絶えず綱引きだからね。そこを、敵の支配の仕組みというのか、それをより分かりやすい形で暴露するんです。

その敵の攻撃は、二つです。基本的には、思想的に敵の攻撃を見えなくするような宣伝をする。一方では、物理的な攻撃をしてくるわけです。政策闘争というのは、産業構造をより民主的に変えていき、それが世の中の仕組みを変えることにつながっている運動です。そうすると、敵の存在も直接雇用主より、背後にいる部分が敵として出てくるわけですね。そこに怒りというものが組織できなければ、怒りのないところで闘争は発展しないし、パンチ力がない。そこのところが今、不足しているでしょう。

そして、相手の方は、絶えず目を変え、品を変え、色々目潰しの攻撃をしてくるから、そこのところをよく理解しているかどうかという問題があります。しかし、「限界」ではない。むしろ、「これから挑戦する課題」というのが新たにあります。

――それは、どういうことでしょうか？

武建一　例えば、生コンで言えば、新技術開発を徹底的にしていくということを、わずかですがようやく予算化するようになった。それから、品質管理監査システムをきちっとするということとか、あるいは、資格制度を作るとか、広報活動をするとかいうことね。そういうわれわれが提起しているものは、産業を民主化する過程の中で、ここを通っていかなければならない問題です。

そこが、組合員の確信にまでなっているのかというと、まだ不十分な点があります。ここが確信になっていけば、政策闘争に弾みがつくと思いますね。そして、弾みがつくようなことをするためには、すでに触れたように、まず、幹部が組合員の信頼を得るようになることです。

何の目的にために、この政策闘争をやっているのか、何の目的のために、組合活動をやっているのか、ということが、より分かりやすい形で組合員に発信されていけば、組合員の幹部に対する信頼と組織に結集する力がついてくる。その力を背景にしなければ、いくら素晴らしい成果が出たように見えても、政策闘争は空回りになってしまうということになりかねないんです。

たぶん、産業政策闘争と言っても、それ自体がまだ分かっていない人たちもいると思います。これからの課題としては、誰にでも分かるような形で、「産業別労働組合とは、こういうものである」「産業別運動とは、こういうものである」「なぜ、こういう運動が必要なのか？」ということなどを、説明していかなければならないと思います。それに、やはり相手側の目潰しの攻撃、思想攻勢と物理攻勢に対して、これを具体的に暴露する。相手側の政策を徹底的に暴露する。暴露することによって、「闘うときは敵は誰か、苦しいときは原因は何か」ということは先人の教えですが、そういうことが絶えず明らかにされていけば、争点が絞られて、そこに組織が集中して闘うという方向になっていくでしょう。

それさえすれば、むしろ情勢的には敵は弱まっているわけですから、ゼネコンにしろ、セメントメーカーにしろ、われわれが１９７５年に政策提起をしたときよりうんと弱まっているから、突破することがより可能な時代情勢ではないかと思っています。

――例えば、産別労組と言っても、日本全国では数えるほどしかありません。関西地区生コン支部の場合は、産別と言っても地域的に限定されてしまう部分があります。これをどう広げていくのかということと、これと問題はセットだろうと思うのですが、そういう全国各地の闘いをネットワークにして、全国組織みたいな大きな影響力を持とうという方向性はあると思います。これらについてはいかがでしょうか？

武建一　この間の権力弾圧を受けてから、国会の中で何回かシンポジウムを開いたりしました。そこには、産別組織として関生が一つのモデルになるだろう、と評価してくれている昭和女子大学教授の木下先生などが入ったりして、一気に広がりつつあります。また、連帯労組中央本部とも相談して、今度の判決に対して、もっと産別運動の視点で学者・理論家を含めて、研究チームを発足させ、これを広げようという動きがありますね。

だから、今までは相手側の宣伝の影響も受けているんですが、「関生は特殊、あの地域において、あの組織だからああいうことができる」と特殊化させられているわけですね。しかし、韓国の労働者が闘いの中で、産別組織を展望しているように、闘っているから産別組織になったんです。闘わなかったら、産業別組織といっても形だけで、本当の意味で産業政策なんか実現できないんです。残念ながら、闘っているのが全国にはほとんどないから、これを広げようといっても「特殊」にされてしまいます。

だけどそれを、普遍化する、全国化しようとすれば、可能性があるのは少数ながら闘っているところなんですね。少数の産別組織でも、企業内組合の延長線上のところが多いわけですね。そうすると、やっている側の方から言っても我田引水的になるから、やはり学者とか理論家とか労働運動家とか、そういう人たちでプロジェクトチームみたいなものを作って、それを全国に発信するというようなものにすれば、広がるだろうと思いますね。

去年（2006年）、東京でシンポジウムを開いたときに、残念ながら左翼と言われている労働組合の中でも、「関生とつき合ったら、権力からにらまれて怖い」と正直に言う人がいるわけですね。そのレベルなんですね、今の労働運動のレベルは。だから、そういう人たちが軸になって広げるのはなかなか難しいのですが、今言っている構想でいけば、広がる要素はおおいにあります。なぜならば、「関生とつき合ったら怖い」と言っていますが、そう言っている方にも同じような攻撃がどんどん来る。要するに、完全な御用組合でも、権力の方は攻撃してきますからね。そうすると、必ず「後ろに逃げていれば攻撃がない」と思っていても、これから攻撃は来る。共謀罪というのはその最たる法律ですからね。

今のところは、点として存在しているように見えますが、それが面として広がる要素は持っています。だから、心ある人たちが寄り集まって、全国に影響を与えられるように発信ができるような仕組みを、この弾圧をきっかけにして作り上げていこうというのがあるので、それが今まで以上に広がっていくことになると思いますね。

第4章　日本共産党の組合介入との闘い

――労働組合の政党からの自立を目指して

事件の背景とは

――1982年（昭和57年）に「12・17声明」が出て、ここから共産党による分裂攻撃と組織分裂という流れが始まりますね。このときに、内部でどういう議論を経て組織分裂に至ったのか、というところをお聞きしたいと思います。

武建一　まず、共産党がその声明を出すようになった理由は何かというと、われわれの運動がすごい勢いで発展してきて、今まで説明しましたような、産業政策が大きく発展したわけです。

それで、81～82年だけで2500人からの組合員が増えたわけですね。生コンの運転手から、生コンの技術者・事務職員、ダンプ業者、それからトラック・バス・タクシーに至るまで、やはり産業政策運動が労働条件の向上に有効である、ということでずっと広がって行ったのです。組織が増えて、3500人以上、組織を拡大することに成功したわけです。

そして、その運動は、名古屋、静岡、東京という形で広がって行ったのですね。まさに、全国の生コン業界における当時のわれわれの組織というのは、まさに「一点の火花が燎原を焼き尽くす」ということわざのように、一気に広がってしまうという状態でした。生コン業界で一気に広がる、それから生コン業界だけではなく、中小企業に働いている労働者にとっての灯台

保釈された東京地区生コン支部の役員たち（１９８３年）

みたいな存在となって、バス・タクシー・トラックにまで広がって行きました。

それに非常に怖れをなしたのが、当時の日経連なんです。その日経連が法務省や最高検察庁を政治的に動かして、本格的にわれわれに対する弾圧をするということが背景にありました。最初は共産党も、われわれの運動の正当性を認めて、権力弾圧については「けしからん」という態度だったんですよ。

たまたま、この82年11月に東京地区生コン支部で、横山生コン闘争というのがありました。横山生コンというのは、日立セメントからセメントを購入していて、その横山生コンで不当労働行為があったから、その不当労働行為の責任を背景資本である日立セメントに追及して、日立セメントは責任を感じ、横山生コンの不当労働行為は解決をしたわけですね。その中に解決金が入っていた。そして、その解決金が「恐喝」である、あるいは「恐喝未遂」であるということで、でっち上げられて刑事事件になったのです。

この刑事事件のときには、関西地区生コン支部はその種の事件はなかったわけでして、運輸一般中央本部も、共産党も、最初は「弾圧反対」だった。ところが、ある日突然、共産党が声明を出した。それが82年12月17日です。

なぜ、そういう声明を出したのかということですが、日本共産党はその翌年に選挙を控えていたわけですね。運輸一般という組織は、今は建交労と名前は変わっていますが、共産党支配の組織です。そして、運輸一般中央に強制捜査が入った。強制捜査が入って、このままいくと、共産党にも強制捜査が入るという段階になったときに、「党に強制捜査が入ったら、選挙に重大な影響を及ぼす」というようなことから、結局、共産党が突如として声明を出したということですよ。

しかも、声明を出すときに、事前に運輸一般という労働組合と協議したわけでもなく、まして、東京地区生コン支部の当事者と協議したわけでもなく、突然出したというのがこの声明です。

『赤旗』声明の内容

──その日本共産党の声明の内容ですが、詳しく説明していただけませんか。

武建一　そうですね。その内容は、運輸一般の下部組織の一部に、「階級的社会的道義に反する行為がある」というものです。非常に抽象的な文章なんですが、結局、四つのことをこの文章は問題としています。それは、われわれと共産党との路線論争にもつながる問題です。

その一つは、党による労働組合の支配・介入を認めるか、認めないか。いくら党の影響力があったといっても、大衆組織である労働組合に、いきなり政党が「党の方針はこうだから党の方針に従って、その組織は今までの方針を変えなさい、『不当弾圧』と言っていたのを、不当弾圧じゃないという態度に変えなさい」という。党利党略による、労働組合に対する支配・介入です。これを許すのかどうかということが第1の争点ですね。

二つ目の争点は、不当労働行為をした企業に対しては、原状回復は当たり前のことであって、プラス精神的な慰謝料、実損プラス慰謝料を厳しく取る。なぜ、そういうことをするのかと言いますと、不当労働行為の抑止効果を期待しているわけです。原状回復だけでは、また同じ不当労働行為を繰り返すということになるわけですから、強烈なペナルティー・罰金を課すことによって、その企業が二度と不当労働行為をしなくなると同時に、他の企業も「不当労働行為をすると代償が大きい」ということになるわけでしょう。そうすると、不当労働行為の抑止効果になるわけですね。

ところが共産党は、不当労働行為については、基本的に原状回復だけを求めるわけですね。そうすると、相手側の不当労働行為のやり得になってしまうわけです。われわれは、やり得は認めないというその点。

共産党は、こう言っていましたね。「社会的批判に耐え得るような金額」と。「社会的批判に耐え得る」となると、誰がその基準を決めるのかが問題だけど、それは共産党流に、基準のない一つの基準を提示して、不当労働行為追及の運動を抑制しようとしたのです。

三つ目は、これは非常に大きな問題ですけれどね。背景資本、使用者概念の拡大運動、これを抑制してしまうという共産党の論理。それは、どういうことがあったのかというと、いきなり、背景資本に対する取り組みについての三つの基準を出しました。１００％資本を支出している下請けなのか、株が入っているかどうか、人事がちゃんと親会社から派遣されているのかどうか、土地がどうなっているのかとか、それから、ただ物を買っているだけのところなのか、とかですね。

――その三つの基準を出してくる共産党の意図は、どこにあったのでしょうか？

武建一　直接的に支配の及ばないと思うところには背景資本の追及をするな、ということなんですよ。しかし実際は、今の日本の社会構造・産業構造は、下請け・孫請けを重層的に作りだして、一部少数者がピラミッド的に支配しているわけでしょう。そうすると、不当労働行為が発生したり、企業閉鎖をしたり、コストダウンをどんどんするというのは、上（大企業）からやられているわけですよね。そういう上の政策に対して、当然、下層の部分で働いている労働者がその被害を受けたら、上に要求するのは、つまり、背景資本・使用者概念の拡大という要求は、当たり前の話ですが、それに制限を加えてきたということですね。

それから、四つ目は、すごく共産党の日和見主義というのか、前衛政党らしくない態度を取ったのですが、権力に対する捉え方として、権力には二つの性格があると言い出したのです。一つは「市民の生命・財産を守る」、もう一つは「弾圧する」。こういう二つの基準を共産党はいきなり出してきたわけですね。

これはすなわち、権力と真正面から闘っているときに、そんなことを言い出すということは、「権力とはほどほどにしなさい、妥協しないと弾圧されますよ」ということを言っているわけです。そんなことを言うと、彼らの醜い姿が国民の前に白日化されて、共産党が労働者から浮いてしまうから、形としては「二重性を持っている」とか、訳の分からないことを言い出して、権力との闘いを回避しようとする。そういうのがあの声明の中にある、表に出てきていない四つの争点・対立点です。

権力・共産党などの四者がグル

――まあ！　日本共産党の、さまざまな本質がはっきりと現れているような声明の内容ですね。やはり、共産党は権力との闘いを怖れているのですね。

武建一　そうだと思います。しかもひどいのは、あの声明が出たときには、東京地区生コン支部の3役がまだ勾留されていたわけですよ。勾留されていた仲間を、早期釈放を勝ち取るために署名運動をずっとしていたわけですね。しかし、署名運動をいきなり止めてしまったわけですね、共産党の指示で。

署名運動を止めるだけではないんです。この仲間はのちに起訴されます。起訴状というのは、検事が全部書くわけですよ。事件にしたがっているのは検事の方で、いわゆる起訴状というのは、検事の「自分の描いたシナリオ通りの作文」ですよね。それを中央執行委員会の中で、起訴状を全員に配って、「検事がこういうことを言っているから、この連中のやっていることはおかしい」「東京地区生コン支部の三役はおかしい」と言い出したわけですね。

その段階で、権力との闘いの常識が飛んでしまっている。中央執行委員の一員だったから、私はそのときにこう言ったんですよ。「検事の起訴状を出すよりも、こちらの弁護士の反論書を出して、みんなを団結させるのが普通なのに、反対になってしまっている」と。ここまで、いわば権力に迎合して、「権力とは闘わない」という、白旗を揚げるようなやり方ですね。そんなことを平然とやってしまったんですよ。

要するに、階級政党としては、全く労働者を裏切るようなことを平然とやってのけたのが、この1982年12月17日の声明ですよ。

——それで、関生の500人の共産党員が脱退するわけですね。

武建一　はい。われわれの職場で500人近くいた共産党員が、「共産党のやっているのはおかしいんじゃないか」ということになった。たった2人だけですよ、役員で共産党に残ったのは。2人以外は全部、いわば「関生党」みたいになっていたわけですね。

そして、共産党は、自分の論理を正当化するために、今まで共産党員としてはどっちかというと「12条該当」の人たち、「12条該当」というのは、共産党からみて問題があるから切ってしまおうという対象者です。そういう人をかき集めて、インフォーマル組織「関西地区生コン支部の団結を強化する」という組織を作って、公然と分裂攻撃をかけてきたわけですね。

だから、このときには、権力、セメントメーカー、ゼネコン、共産党、この四者がグルになって関生を潰してしまおうとしました。

現実に警察は、大阪府警本部の中に「関生対策班」というのを作って、専従40～50人を東淀川警察に常駐させた。要するに、公安の1級の者を全部集めて、大阪府警で50数署あるらしいですが、そこから選りすぐりの公安を集めて、徹底的に弾圧するためのチームを作りました。これは何をしたのかというと、従来（争議解決で）、約束している中で、お金が流れているところは全部「強要」ないしは「恐喝」として、「被害届けを出せ」という形で事件にしてしまうということです。

四者が一体となった、すごい攻撃、想像を絶するような攻撃です。そのときに私もまた事件を作られて、例えば、三永事件などがそうですが、ここでは10数人逮捕されたんですよ。それに京都事件でも、10数人逮捕されました。それから、吉田事件というのも作られて、同時的にものすごい人数が逮捕されました。警察官が、「25万人の警察が関生を潰すんだ」ということを豪語していましたからね。今も弾圧は激しいんだけれど、今の弾圧の比じゃなかったですよ。

結局、3500人いた組合員で、共産党系に行ったのは1000人くらいです。われわれのところに残ったのが1600人です。それから、もう失望してどこにも入らないという形になった人が約1000人。という形で、せっかく盛り上がって、中小企業労働運動の典型を作って、日本の労働運動の再生化におおいに役立つであろう流れが、一気にそこでストップをかけられたということですね。

関生支部臨時大会（1983年3月）

――歴史的に見ていつものことですが、共産党の罪は重いですね。

武建一　そうです。共産党があの当時取った態度というのは、権力以上に罪が重い。なぜかというと、共産党は一応、労働者の味方という風になっていますからね。ところが、労働者の味方の顔をしながら、闘っている仲間に対して、後ろから鉄砲を撃つようなことですからね。もし、共産党の分裂工作がなければ、たぶん、今ごろ生コン支部は、1万人をはるかに超えていたと思います。これは生コン支部だけじゃないですよ。その当時の運輸一般の力は、5万人をはるかに超すほどの勢いで伸びていったと思うんですよ。ということは、日本の労働運動のあり方が変わっていたと思います。

今は連合になって、連合というのは労働組

合の形はしているけれども、中身は労働組合の機能なんか全然果たしていないですね。全く御用組合になってしまっている。平和問題でも闘わないし、権利問題でも闘わないし、非正規の労働者の雇用を確保するような闘いもしないし、格差社会がどんどん拡大しているのに、これと闘わないわけでしょう。連合は全く労働組合の体をなしていないわけですね。だから、18%ちょっとしか組織率がないわけでしょう。ほとんど労働組合に期待する労働者がいないということですよ。

ですけど、われわれの運動に共産党の介入がなく、われわれの闘いの通りに追求されていたら、連合も今のようなやり方では通用しない、そういう刺激対象があったと思うのです。今は刺激対象がほとんどないから、好き勝手なことをするわけですよ。

だから、そういう意味では、日本の労働運動のあり方そのものを変えてしまうほどの大事件です。ところが、日本の労働界の中ではそういう総括はしない。もちろん、共産党に至っては自己弁護のための対応しかしないから、労働運動がだめになった原因に自分たちの政策の誤りがある、ということを認めようとしないんです。

そういうのが、この12月17日の声明の社会的、要するに歴史的に果たした役割ではないかと、私は思います。

――と同時に、その日本共産党との闘いの中に、労働者階級にとっての党というものの本質的な問題がはらまれている、ということでしょうね。

武建一　そうです。なぜ、５００人もいた関生共産党員の99％の労働者コミュニストが、この問題で党から離れたか。それは今、るる述べたような過程にありますように、日本共産党は「党のための党」であって、われわれは「党は労働者大衆の利益のためのもの」と考えた。この大衆闘争と大衆的利益を護らず、それを潰そうとする党は、われわれにとってもはや「党ではない」と考えたからです。その違いの根本的意味は、この実践の中に示されています。今日まで続く、われわれ労働者の党観を考える上で、大きな教訓と言えます。

労働運動路線を巡る分岐

——関生では以前から共産党との対立があったと聞いていますが、この問題は必然的な流れのような気がします。できれば、１９７０年代、あるいはそれ以前からの共産党との対立点、違いを話していただけますか。

武建一　もちろん、82年には直接的にそういう対立点があったんですが、それだけではなかったんです。実際はもっと以前から、１９７３年ごろから共産党とわれわれの路線対立があったのは事実です。

例えば、集団交渉をする。われわれが先駆けてやったのです。当初は共産党に至っては、「集団交渉なんていうのは、雲の上の交渉だから、それは労働組合としてはやるべきではない」という態度を取っていた。それから、人権侵害を受けるとわれわれは大量動員して行き闘いますね。大量動員することについて、「それは動員主義だ」「そういう動員は間違っている」と。

と言いながら、赤旗新聞を増やしてくれとか、共産党員を拡大してくれとか、票を読んでくれというときには、大量動員を要請してくる。党のための動員は平気で、大衆組織が組合員の人権侵害に対して、動員して即反撃することについては「動員主義だ」と批判するわけですね。すなわち、大衆闘争よりも、党を伸ばすかどうかだけしか考えていない。だから、そこに対立があるわけですね。

それは政策問題についてもあった。産業政策運動というのを、われわれは先駆けてやった。当初、共産党は、「だいたい、生コン支部は政策カブれしている」「賃金とか、労働条件の改善がうまくいかなくなっているから、あんなことやっている」と批判していたわけですね。

――その関生支部の産業政策についての共産党の批判を、もっと詳しくお話していただけませんか。

武建一　どんな批判をしたのかというと、今、話しました「政策カブれ」ということから、

「大衆闘争をそっちのけにして、『産業政策、産業政策』と言っている。あれは間違っている」「職場を基礎にした運動の放棄につながる」という内容ですね。

しかし、2、3年すると産業政策が成功したわけですね、この生コンで。それで、一気に組織も増えた。ところが、共産党は何の反省もなく、コロッと態度を変えて「産業政策は必要だ」と言いだしたのです。だから、どちらかというと新しく創造的にものを作り上げていくという発想は、当時から共産党の中にないのではないかと思います。

先ほどの集団交渉についても共産党は、「集団交渉なんていうものをしだすと、職場闘争がなくなってしまう」と言っていましたが、これもまた2、3年してコロッと姿勢を変えました。「やはり、集団交渉でなかったら、横の連携がうまくいかない」「集団交渉によって、中小企業も戦線の統一に引きずり込むことになる」と。無反省です。

だから、われわれが先陣をきって成果を得たら、それを物真似して無反省で共産党は他の組織にそれを適用する。その時代から、すでにこういうことを繰り返していたのが共産党ですよ。

集団交渉も政策闘争も、のちにそれが効果あると思ったら、彼らは無反省でそれを取り入れていくわけですよ。普通だったら反省して、「ああ、ここに問題があったな。だから、改めてそういう方向に労働運動は転換した方がいいな」とこうなりますが、無反省でやるもんだから、地についた運動をできるはずがないんですね。

権力弾圧を怖れる日本共産党

――前にお話しされた「かるも島」の闘争ですが、こういう斬新な運動、プラントの新増設を抑制するなどの、世間から見るとかなり進んだ労働組合の運動ですが、これについては共産党はどういう評価をしていたのですか?

武建一　当初は、日本共産党はわれわれに逐一干渉するということはなかったのです。なかったから、共産党との論議らしい論議はないんですね。ただ、われわれは当時、私自身も共産党の府委員会の直属でした。だから、府委員会の労働部の方で話をするのですが、今、言ったことについて、本来は共産党が他の産業の分野でもそういう取り組みをすれば、成果がうんと上がったはずなのに、全く関心を示さない。労働運動を強く大きくするためには、そういう産業政策は非常によかったと思うのですが、普遍化しようとしない。ただ、聞いているだけです。そのレベルでしたね、共産党は。

しかしのちに、共産党は逆に「独占資本の背骨を踏むようなことをしてくれるな」ということで、われわれに制限を加えるようになりました。

なぜかというと、当時われわれは、背景資本に対する取り組みとか、今のような工業組合と労働組合が提携して、産業全体に影響を及ぼし、産業を民主化して独占の横暴を規制するという、そういうところまで運動が前進したわけですね。そうすると、共産党からするとそれは恐いわけですね。要するに反撃される。背骨を踏むということは、徹底的に弾圧を受けると考えたわけです。

しかし、弾圧を受けるというのは、資本主義の中で闘っていたら当たり前の話です。相手の許容の範囲内でやっていたら、弾圧を受けません。相手にとって許せないと思えば、当然色んな口実を作って弾圧をしてくるのは、当たり前といえば当たり前です。「背骨を踏むな」と言って、それと闘わないと言い出したら、結局、資本主義の枠内の運動しかしてはならない。しかも、資本主義の枠内のみならず、資本家の攻撃を避けるような運動ということになります。それは、まともに対決して闘わないということだから、共産党との路線的な対立が必然的に発生したわけです。

その意味では、今の日本の左翼と言われている労働組合活動家の中でも、そういう傾向がありますね。要するに、闘って弾圧を受けるということを怖れる。弾圧を受けるのは当たり前、弾圧を受けない労働運動というのは、何もしないことに等しいわけですね。共産党のみならず、左翼と言われている労働組合幹部、全部が全部そうではないのですが、中でも権力に対して、どういう姿勢で臨むかという点でどうなのか。戦前はあれだけ弾圧されて、寄るだけでしょっ引かれて、ひどいときには拷問され、そして、ぶち込まれて、という風にやられる時代のときでも、左翼と言われている人たちは、グループを編成して労働運動を強くするために、一生懸命やったわけですね。

今は、拷問を受けるような状態ではないのに、日和見というのか、もともとやる気がないのか、与えられた今の資本の論理の枠内で動いている人たちが多いというのは残念に思います。口では、日本の労働運動の再生とか、活性化なんて言うけれど、これでは実践的には追求されないと思いますよ。

――関生支部では、そういう闘いの経験を共有するために、韓国の労働運動を学んでいますね。

武建一　そうです。西山君などが韓国に学びに行きました。それは、韓国の労働者が闘いの中で、企業別から産業別に組織を移行しようとしている。それは、闘っているから実践の方向も、間違っている企業別組合を産業別にしなければならないとなる。日本の労働者は、左翼と言われている人たちも、理論的には「階級的」とか言っているけれど、ほとんど闘おうとしないわけですね。闘おうとしない者が、実践的に組織のあり方の問題とか、運動のあり方の問題とかについて、時代状況に相応しい方向に変えることができるはずがないんです。

やはり、闘っていればよく分かる。本当の意味で「世の中の変革」と言い、行動することです。要するに、理論と実践が本当に統一されているかどうか。われわれは、一生懸命頑張ったから、闘ったから、共産党がいかに堕落しているか、共産党が「共産主義」という名前を使いながら、全く革命なんて考えていないということを、闘いの中で発見できたんです。今の左派と言われている一部の幹部の中でも、「階級的」と言いながら、実際には闘いから逃げているという人たちが結構多いのです。

闘いなくして、人の水準は高まらないんです。闘いなくして、理論を再構築し、世の中を変革することなどできないんです。ここを特に、この40数年の歴史の中で、関生の今の若い人たちも含めて、発信しなければならないところだと思うんですよ。

――共産党の組織は地区組織が基本になっていますから、産業別組織の関生支部との対立もあったのではないでしょうか？

武建一　それはありました。共産党は各ブロック、選挙区があるでしょう。その選挙区単位で組織を編成する。それで産業別組織である生コン支部を解体して、地域支部という形で、他のトラックとかバスとか、それから地場産業の人たちがいたので「生コンもそこに編入しなさい」と言った。要するに、票読みしやすいように、ブロック単位で地域支部を作れ、という指導をされたのです。

しかし、労働組合運動というのは、産別的に結集する方が運動が発展する。なぜかというと、同じ産業に働いている人たちは、仕事の全ての工程が共通していますね。そこにある労働者の気分とか、それから要求とか、そういうのを統一して出しやすい条件にあるわけですね。そういう条件の人たちを結集することが、組織の集中力を高めることになるわけでしょう。だから、党の都合で票が読みやすいように地域支部を作るのは、党からとってみたらいいのかも知れないけれど、労働運動にとってはマイナスです。それをわれわれは、敢然として受け入れないという態度を取りました。それを貫いて正解でしたが、当時党の方は、「地域支部唯一」だと。だから、われわれは「地域支部唯一論は間違っている」ということで、大論争してはねのけて、今の生コン支部があるのです。あの党の言いなりになっていたら、もう今ごろ生コン支部などは分解されて、地域別に編成されて、どうにもできないようになっていたでしょうね。

労働組合の政党からの自立

——確かに、共産党の場合は、有名な六全協で議会主義路線に変質してから、階級闘争・大衆闘争を投げ捨ててきましたから。それで選挙組織として、票集めとして、労働組合や大衆運動を「利用」する、ということになりましたね。そういう意味で、やはり関生が掲げている「労働組合の自立」が、もっとも大事だと思いますが。

武建一　そうなんです。例えば、われわれは、「求められ、頼られる組織」というのを、スロ

「関生支部の団結」を名目に強行された関西4地本主催の学習会

ーガンとして出しました。なぜかというと、全ての労働者、日々雇用とか傭車の人たちとか、パートの人たちとか、全ての労働者から頼られ、求められる組合じゃなきゃいかんということです。

そういうスローガンを出したら、党の方が「大衆組織として、そういうスローガンはおかしい」と言ったんです。これはおかしいと思いますね、こういう異論を唱えること自体が。ところが、「共産党は前衛政党だ、前衛というのは他の全ての組織より頭（上）にいる」、要するに自分たちは間違いがないと。共産党がやることは、全て間違いだらけをやっているけれど、本人はそう思っていないから（笑）。「前衛をさしおいて、求められ、頼られるというのはとんでもない」という発想ですよ。

それから、会社の雇ったヤクザが組合潰しをしてきますよね。だから、われわれはそれに対抗するためには、「やられたらやり返せ」という考え方で、訓練をした。われわれ自身が50人ほど編成をして、そういう危険と思われる職場に対しては、青年行動隊を中心にして対応しようと。だから、護身術を身につける訓練をして、それで部隊を編成したのです。すると、「それは間違っている」「そういうやり方はとんでもない」と、これをいちいち妨害してきました。われわれは、そんな妨害などはねのけたんですが、そういうことを平気でやってきましたね。

――関生のＯＢの方に、関生会館建設についても批判があったと聞いたのですが、どういうことでしょうか？

武建一　それは、隣の会館のことですね。これは今から27年ほど前に造ったんですが、あの会館には1億５０００万円ほどかかっています。ところが、建設するときに、支部には１５００万円しかお金がなかったわけですね。１５００万円しかないのに、1億５０００万円の会館ができたのはどうしてかというと、会社に「カンパしてくれ」とカンパを訴えた。それから、組合員は8万円相当の福利厚生資金があったから、その3年間分を供出しあったのです。その両方のカンパででき上がった会館です。１９７9年当時といったら、まだ組合員は７００人いたかいないかのときですけれどね。1億５０００万円の買い物といったら、大きな買い物です。

そのとき共産党は、「敵からカンパをもらうというのは、敵にすり寄るのと一緒だ」と言い出したわけです。われわれは、ベトナム戦争の中でグェンザップ将軍が言った、「敵の武器を持って敵と闘う」という、これは生コン流に生かせるという感覚だった。だから、相手からカンパを取ったとしても、それが支配・介入とか、相手に媚《こび》を売るようなことではなくて、権利として確保しようということだったのに、共産党自身は権力に媚を売りながら、われわれに対してはそれが癒着構造につながると批判したわけですね。

それを無視して、この会館を建てたんです。そうやって建てたこの会館は、中小企業の砦になったし、労働者の団結の砦になったし、そして、80～81年と一気に運動が広がる砦になっていったわけですからね。われわれの主張が、正解だったということなんですが。ところが、共産党は後に、中央交渉をするときに賃金保障を各社に求めると言い出した。これは、会館をわれわれが造るときに言ったのと、反対のことをしているわけですね。こんなことを平気でやるんです。

そういう意味では、１９８２年12月17日の声明以前から、党による大衆組織、労働組合に対する支配・介入を排除してやっていたから、まともな運動ができ、関生の成長があったということでしょう。党の言いなりで動いている、共産党系の現在の組合はだめですよ。実に労働組合らしくなくなってしまっているというのか、要するに企業別労働組合である。そして、政党との癒着構造がそのままです。一応は、政党支持・政治活動の自由とか、労働組合は政党と権力・資本から独立しなければいけないとか謳っているのですが、それは謳い文句だけで、実際には政党との癒着構造そのものだから、真剣に闘おうとしないのです。最近、われわれと共闘している、建交労などを見たらよく分かりますね。賃上げとか、一時金の交渉が決裂するということは、決裂したら行動しかないでしょう。彼らは決裂しているのに、行動しない。ということは、相手の言いなりになるということです。これでは労働組合じゃないですよ。

要するに、共産党はもともとそういう体質を持っているからです。つまり、共産党は労働運動とか大衆運動というのは、党を大きくするための手段として使っているだけですからね。そういう範囲で動いている労働組合は、労働者の要求に真剣に耳を傾けて闘うことはできない。だから、共産党の影響から、早くにわれわれが脱却できたということは、組合員と家族にとって、そして、日本の労働運動をまともにしていく上においては、正しい選択だったと思いますね。相手の攻撃に対して反撃するという中で決別する、という風になりましたが、結果的には非常に正しい選択だったと思いますね。

「関生は1年ももたない」

――この当時、運輸一般、とりわけ関西地区生コン支部というのは非常に大きくなっていますね。労働運動もかなり活性化していますよね。それを頭からこういう12・17のような声明を出すということは、共産党のかなり上からの判断、ひょっとしたら宮本さん（宮本顕治）あたりまでも含んだ判断があったのではと思うのですが、どうでしょうか？

武建一　あの当時、荒堀といって、大阪府委員会出身で共産党本部の労働対策部長、この荒堀という労対の責任者と不破哲三が相談して決めたらしいです。だから、共産党中枢部の判断で、最終的にその声明を出すということを決めたということですね。

――不破さんと言ったら、そのころの書記長ですね？

武建一　書記局長でしたね。事実上の党の要であったわけですね。だから、それは宮本顕治の了解も得ているんじゃないですか。そうでないと、書記局長だけの意思で結局、労働運動の一番輝いているところの、しかも、圧倒的な党員がいるところを切るということになりかねないことですからね。

ただ、最初は共産党員は、減らないだろうと読んでいたと思いますよ。５００人からの共産党員は、党についてくるだろうという読みでやったのではないでしょうか。ところが、共産党がひどいことをやるものですから、圧倒的多数の共産党員が（関生に）残ってしまった。ということは、共産党がいかにろくでもないことをしたのかということです。しかし、その党中央からすると、「党の方針で全部残るはずだ」ということでしょうね。

当時、私に対する中傷ビラを彼らはどんどん出したんですが、その中傷ビラでは例えば、「武の保養所」と。工業組合の造った保養所で、兵庫県の地名にちなんでつけている「竹野保養所」が、私の「武」と向こうの「竹」は全然違うのに、私の保養所だと言った。そんなことは分かっていながら共産党は、「武はたくさん保養所を持っている」とかね、そういう荒唐無稽な宣伝をしたのです。

それに、動揺していて使い物にならない党員を集めて、「もうあいつ（武委員長）は1年も経たないうちに潰れる」「あいつだけじゃなくて関生の組織も1年ももたない」ということをしきりに、ウソとでたらめの宣伝に加えて、不安を煽るようなことをどんどん宣伝していましたからね。だから、彼らの見通しは、関生に残るとしてもごく少数だった。

今まで共産党は、党を挙げて大衆組織を分裂させることを平気でやってきましたね。日教組もそうだし、自治労もそうだし、それから、タクシーの労働組合もそうだし、それから、全国一般という労働組合もそうですよね。

その場合、全国一般とか比較的小さい組合では、共産党側の方が多数になるわけですよ、共産党の組織力で押し込まれていくと。やはり、共産党から組織的にやられてしまうと、結局少数になってしまう。ところが、われわれのところでは、逆にやられた側の方が多数になって、向こうが少数になってしまった。これは、非常に大きな読み違いだったんでしょうね。

――その差というのは、どこにあったのでしょうか？

武建一　それは、われわれが闘っているから、物事の本質を見る力を持っていたということだと思うんですよ。闘っていなかったら、理屈の上のごまかしでもどんどん宣伝されると、影響を強く受けてしまう。闘っている労働者は、理屈もさることながら現実の問題を通して、一体共産党がどんな役割を果たそうとしているのか、権力・資本の立場に立っているのかどうかが分かります。

関生の執行部が言っていることの方が、権力と資本に対して闘う、すなわちそれが、組合員の利益を守るということ、そして、家族の生活の安定にとって、大きな方針としては間違いがないという確信が、実践を積み重ねるなかで理解されている。そういう実践に裏打ちされて出されている方針に対して、多くの共産党員が関生側の方についていて闘うという方向を選択したと思うんですよね。

もし、闘いのない組織で、こんなことをやられたらひとたまりもないと思います。共産党のあの物量作戦です。私などは、大阪府民全員にビラを配られましたからね（笑）、「武一派」って。『民主新報』などにも大量に宣伝されました。まあ、とてもじゃないですが、普通は考えられないですよ。大阪府民は８７０万人いるでしょう。大阪府民全員に渡るようにビラを、私の名前が「武」だから、わざわざ仮名を振って、「武《たけ》一派」とこう書いて。

ウソとデマで固めた宣伝

——党の中枢が誤った判断を下したのは明らかですが、当時、関地協（関西地方協議会）というのがあったと聞いています。関西の各地本の三役クラス、これも全部党員で府の労対にいたのですが、そこで毎回のように、先ほどのような関生支部のありもしない悪口を言っていたらしいのですが。それは、以前から相当ありましたか？

武建一　共産党の場合は、各地方に「○○支部」というものを作っているんです。ところが、地本の役員クラスと生コン支部の役員クラスになると、京都、大阪、兵庫、奈良、和歌山、それぞれの府県の労対部の直属になるわけですよ。私もその直属だった。

今、話が出たように、各地本の役員は全部共産党員ですから、その共産党員を大阪府委員会に集めたのです。地本の委員長なり副委員長なり書記長というのは、本来、共産党から選ばれたのではなく、組合員から選ばれているわけですよね。ところが、共産党が招集をかけたら、党員だから行かざるを得ない。そして、集まって、どんなインフォーマル組織を作って、どうやって関生に共産党の主張が通るような組織を作るか、そんな作戦会議を四六時中するわけですね。

それには、ウソで固める以外にないから、政策論争、先ほど言った4点ほどの路線対立は引っ込めて、やれ会計に不信な点があるとか、やれゴルフに行っていたとか、やれいついつの会議のときには会議をすっぽかしていたとか、そういう話を持ってくるんです。路線対立を隠すためにね。これで労働者を煽るわけですよ、一生懸命……。

そのときには、ちょうど翌年の83年の春闘が議題だったのですが、春闘どころの騒ぎじゃないわけです。春闘そっちのけ。こちらが、春闘で団結してきちっとやろうという提案を出すと、春闘方針を全然議論せずに、反幹部の、最初からそういう風に手分けをして、誰がどういう風に発言するかを決めている。今でも覚えていますが、83年3月初めの臨時大会を大東市民会館で開催したわけですね。そうしたら、春闘方針の討論どころではないですね。われわれを孤立させるような、徹底的な宣伝を彼らが組織的にやってきたわけです。

その段階では、では、それだけ問題のある執行部であるならば、全組合員の投票で決めようではないか、今の執行部がだめだったら、だめでもいいではないか、信任投票にかけようということにしたんですよ。しかし、信任投票にかけると、その当時の執行部が信任されるのが分かっているから、彼らは強烈に反対したわけですね。「信任投票はあかん」と。「何で信任投票がいけないのか?」と言うと、「反対側と賛成側に二分されて、生コン支部の中に混乱と分裂が起きる」と。

反対したから、3月17日だったかな、中央を入れて話をしたら、弾圧については反対することで一致団結するという方針を決めて、一応収まったわけですよ。

収まったんですが、実際は見えないところで共産党員が第2指導部を作っているわけですね。「関西地区生コン支部の団結を強化するグループ」というものです。第2グループを作って、それで生コン支部の役員を、孤立させるようなことをずっとやるわけですね。

——ひどいことをするものですね。

武建一　一番ひどかったのは、生コン支部は中央の大会のときに、100名に1名の代議員を選出するから、当時、30人近く中央の大会に代議員を選出していた。そういうときには、全員無記名投票に入るんですよ。ここで執行部派と、いわゆる共産党派と、両方の対立候補が立った。しかし、全部執行部派が勝ったわけですね。1人も向こうは通らないわけですよ。全部こちらが勝った。

それでどうしたのかというと、全国大会に行ったら、こちらで立候補して落選した連中が代議員で来ているわけですね。「どういうことですか?」と聞いたら、「他の支部の代表だ」と言うわけですね(笑)。他の生コン支部以外の支部、例えばそのとき、大阪合同支部とか、企業内の南支部とか、此花運送支部とかそういうのがありました。

生コン支部で立候補して落選した連中が、他の支部の代議員と称して来るんですよ。他の支部の代議員なんて、これは規約から見ても選出できるはずがないし、とても普通の常識から考えると、そんな風に出られるはずがないでしょう。平気でそんなことをやるんです。
そして、お終いには何を言い出したのかというと、「党は党で独自の政策でやるんだから、インフォーマル組織と言われようが、党は党の政策で団結して動いているわけだから、それはいちいち言われる必要はない」と。
そういうひどい状態までになって、関生の幹部はほとんどわれわれのところに残ったから、共産党員の幹部を集めて、執行部追い落としをするわけですね。

――それで、どうなったのですか？

武建一　この後、83年10月に支部の定期大会があり、その支部の定期大会で一旦、向こうの派（共産党派）も立候補した、対立候補として。ところが、9月の中央大会の代議員のときに全部破れているから、10月の生コン支部大会でも対立候補が勝てる見通しが立ちません。それで、急きょ、立候補していたのを辞めてしまった。
辞めて何をするのかと思ったら、今度は公然と「生コン支部」というものをでっち上げ、その生コン支部の団結を強化する集会みたいなものを開いた。そして、規約にないやり方で、「関西地区生コン支部」というものを彼らは作り上げたわけです。正規のルートとは全く関係なくです。それで、10月に完全に向こう側のグループだけのものをでっち上げて、「これが正当な関西地区生コン支部だ」と言うんです。

われわれとしてはこんな分裂策動は許せないと、本格的に反撃をしました。各労働組合に対して、「共産党がこんなひどいことをやっている」と。それから、共産党大阪府委員会や、京都、奈良、和歌山、兵庫などに対して、「共産党は裏切りをして、とんでもないことをやっている」と、宣伝カーを配置して徹底的に宣伝したわけですよ。そうすると、共産党もたじたじでした。

83年の総選挙だと思うのですが、当時、大阪府委員会委員長の村上弘、これが落選してしまったんですよ。共産党が一番強い地域で落選した。われわれとの闘争で、いかに彼らがエネルギーを集中し、われわれの主張がいかに有権者にも理解されたかということだと思います。

やはり、一連の動きを見ると、政党から自立するというのは、名実ともに自立しなければ労働運動の自治権を守ることはできない。資本とも自立しなければならない。それは、言葉だけの自立ではなく、実際の自立をしていなければ、政党の方針が変わるたびに労働組合が政党に引きずり回されるようなことでは、労働運動の前進なんかあり得ないということを、体験的に教訓化できるのではないかと思いますね。

思想的空白をどうするのか

――共産党から離れて、もちろん、プラス面が大きかったと思いますが、今までのお話を伺っていて、学習面などにおいて、共産党によって強化されていた部分もあったように思います。そういう意味でマイナス面と言ったらおかしいですが、そういう面もあるとお感じになりますか？

武建一　共産党から離脱した党員は、よもや共産党がこういうひどい形で裏切るとは考えていなかったのです。ほとんどの共産党員は、世の中の変革のために体を張ってでも闘うという情熱を持っている人たちが主だったですからね。

そうすると、共産党からひどいことをやられたものですから、「こんなはずがない。これはとてもじゃないが考えられないことだ」と。だから、一時期、何ていうのでしょうか、ポカッと胸に空洞ができたような感じです。ほとんどの人が、そういう感じを持ったんじゃないでしょうか。

また、われわれの組織の中でも、学習活動について従来みたいな情熱が薄くなりました。だから、早く独自の教科書を作らなければいけないということで、経済学、哲学、労働運動の歴史が入った『ガイドブック』(『働くもののガイドブック』)というものを急きょ、作りました。要するに、理論的な空白ができたり、思想的な空白ができると、敵の餌食になってしまう。そういうことになってはいけないということでした。

それで、『ガイドブック』などで、日本共産党は共産主義と称しているが、共産主義者とは違う、彼らは間違っている、本当の共産主義者というのはあんなことはやらない、だからもう一度勉強し直そう、ということになったのです。

ところが、実践においては、しばらくは共産党との路線論争、そこへ持ってきて権力弾圧があり、その防衛と、一生懸命でしょう。そういうときに学習を重ねるのが一番深化しますが、やはり共産党の裏切りの中で、そういう空洞感みたいなものが幹部の中にあったから、「それではいけない」とは言いながら、そこにはやはり身の入り方が違いましたね。

だから、その後の幹部の育成の問題にもつながっているわけです。関生という戦闘的な労働組合の魂というものについては、実践に裏打ちされた人たちがしっかりと育っていると思いますが、しかし、実践と学習で統一された人たちが育ったかどうかについては、不十分な面が残っているのではないでしょうか。

――それは、どういうことでしょうか?

武建一　つまり、共産党から裏切られる前は、ほとんどの人たちが労働組合そのものを強くするだけではなく、世界をどうしようか、世の中をどうしようか、という意気に燃えている人たちが中心だった。したがって、そこが弱まるということは、労働運動を強くする点においても弱まってくるわけですね。

労働組合というのは、思想信条が異なっていても、要求で団結し行動するという団体ですが、その労働組合が、本当の意味でしっかりとした魂を身につけていくには、やはり、世界をどう見て、世の中をどうすべきなのか、という考え方をしっかり持っている人たちが「芯張り棒」にならなかったら、弱さが出てくるわけですよ。もっと平たくいえば、「労働者全体の利益のためであれば、私は生命を投げ出しますよ」と燃えている人たちが、何人か職場にいるのといないのとでは全然違うわけですね、その労働運動の質が。

たぶん、今、韓国の労働者が戦闘的なのは、闘いの中で、やはり労働組合だけでなく、南北統一や東アジアの平和問題、それから、新自由主義グローバリズムによって大変苦しんでいる人たちが世界にいっぱいいる、その人たちの思いを一つにして闘う。要するに、世界と社会を変革しようという立場に燃えている人たちが、中心になっているからでしょうね。だから、韓国労働運動は、非常に発展していると思います。われわれの組織の中にも、そういう燃えたぎる情熱を持っている人たちが、各職場にでき上がっていくと、本当の意味で強い労働組合になる。そこはちょっと弱いということですね。

それは、分裂以降の組織再建の中で弱かった部分です。現実に組織の防衛から、反転攻勢に入るのに10年ほどかかっているわけですね。その間には、組合員の中には「どうなるのかな」と不安が出ました。分裂当初の2年ほどは、必死になって闘うわけですよ、「けしからん」という意気に燃えているわけですから。ところが、一定の時間が経つと、これは厭戦《えんせん》気分みたいなのが必ず出るんですよ、どんな場合でも。そういうときに、本当に魂の入った、火の玉になって闘う人たちができ上がっていなかったということが、今でも影響しているということでしょう。

組織の質と活性化をめざして

——一時期、武さんは「アクション21」というプロジェクトを導入し、組織の活性化ということを盛んに話されましたね？　21世紀に立ち向かっていく労働組合を作っていこうと。それは、組合内部における官僚主義を含めて、やはり内部矛盾が結構あったという話だと思ったんですが、それは今のこととつながるということですか？

武建一　先ほど言ったように10年ほどして、結局、資本の方も分裂策動で労働条件を下げるとか、賃上げをゼロにするということもできなくなったわけです。われわれの力が一気に挽回しました。

例えば、セメントメーカーは協同組合を足場にして、労働組合対策にしようとしました。そのとき、協同組合に対してわれわれは、アウト業者と提携したり、輸入業者と提携したり、通常では考えられないようなことをしました。不当労働行為がひどいところの不買とかね。そんなことを結合してやったもんですから、相手もお手上げにならざるを得なくなったんです。

そして、そのうちに労働者の賃上げについても、一気に２５３００円、３５０００円を獲得して、相手は完璧に失敗したわけですね。同時に、共産党の政策も、言葉と中身が違うのが明白になりました。反転攻勢に移ったのです。

反転攻勢に移りましたが、われわれの中には一種の、これは幹部の中に芽生えた官僚主義というのか、形式主義というのか、形だけ整えて中身のないようなことがありました。例えば、方針にしてみても、方針の垂れ流しをして、方針がどういう風に実践されているのか、それをチェックし、そこから新たな方針を作るまでの総括をしっかりとして、次の方針を出さなければいけませんが、それができ上がっていない。絶えず形だけで、中身のないようなことを繰り返している。この状態でいけば、成果の割に組織が強く大きくなることは難しいと思います。それは、主に幹部に原因があります。幹部の中でも、問題提起している側の中枢部に原因があります。

だから、「アクション21」ということで、要するに外部から中をチェックして、そして何が原因でこういう官僚化された組織になっているのかを、実際に組合員と接している各専門部や各ブロックの役員などを通じて、チェックしようということで始まったわけですね。

アクション21が入ることによって、官僚的な幹部は「アクションはドイツの秘密警察のゲシュタポ」だと（笑）、「あれは委員長に告げ口をして、その支配体制のために入れたんだ」と。官僚的な幹部ほどそういうことを言うんです。

というようなことがあったんですが、それでも先ほど言ったような目的を達成するには、つまり、組織を強く大きくするには、やはり、気づいていないところを気づかせるようにしなければ、ということでやってきました。どちらかというと、われわれ生コン支部の中には、この42年間、派閥らしい派閥ができたことがない。なぜ派閥ができないのかというと、敵と果敢に闘う同志の結合体が幹部の中に強くあるのと、各幹部が特別に自分の地位や利権で結びつく必要性がないわけです。だから、派閥なんか全くないわけです。

ところが、官僚主義になると、やはり形として目に見えない派閥みたいなのができるわけですね。自分が仕事をしやすいように仕組みを作って、自分に反対したり、自分にとって仕事がしにくかったら、事実上排除するということを平気でやっているのが目につきました。

それを、色々と本人を傷つけないように、オブラートに包んだ形で、アクションから出てきた意見もストレートに言うと傷つくから、やんわり幹部のあり方、幹部のレベルアップについて、歴史上の人物の言葉などを引用しながらやった。「こういう風に変えていかなければいけない」とね。

でも、官僚的な幹部ほど自分のことではなく、他の人のことを言っていると思うわけですね（笑）、おかしなものです。官僚的だと思われる幹部に、気づいてもらいたいがために話をしているのに、「俺のことじゃなくて、他人のことを言っている」と思っているわけですね。それで、この状態でいけば、本当にこの組織はもうどうにもできない、人間の体で言えば動脈硬化を起こして、いつ破裂するのか分からないというところに直面していると考え、実は、幹部の配置換えをやったんですね。かつ小手先の問題だけでは無理があるということで、抜本的な幹部の配置換えをしました。

しかし、その反動で色々とリアクションが出ましたが、これは今説明したように、組織の内部を強化しようと思えば、一旦官僚的なシステムになった場合には、それは指導によって改善される場合と、「新しい酒は新しい皮袋」ということわざのように、人を代えなかったらできない場合もあるということです。何年か堆積したヘドロみたいなものは、変わらない場合があります。

――「アクション21」の提起には、そういう背景があったのですね。しかし、戦闘的労働組合と言われている関生に、どうしてそのような問題が生みだされたのでしょうか？

武建一　そうですね。それを、もっと早く気づかなかった私の責任が非常に大きいですね。そういうことで、いくらかリアクションがあり、今、色々苦労している人たちもいる。ただ、現在の役員も、これは常任を中心にして、必ずしも本当の意味で組織のあり方について、十分理解しているとは言えない部分もあります。だから、今、改革を進めようとしているんです。

例えば、会議をするとします。会議の目的は何なのか、そこで獲得しようという目標はどういう目標を持っているのか。そういうことがあまり理解されずに、ただ会議から会議をこなせばいいとなっています。行事をやる場合でも、その行事をやる意義は何なのかということよりも、こなすことに精一杯になってしまいます。そういう傾向が今でもあるので、これを一気に、体質を変えていくということです。

これは長年の、私が気づかなかったことの影響が、今の幹部にずっと残ってきているわけです。そういう点では、ただ過去に形式主義的な、あるいは官僚主義的な人たちに流されてきたことであって、実際はみんなまじめな活動家なんです。だから、気づいたところは、自己改革を図っていこうという方向に変わってきている。これは幸いなことです。

ただ、人間というのは、長年慣れてくると言葉で分かっても、体がなかなか理解しようとしない。一番大事なことは、やはり実践の中で自分を検証するということですよ。人間を理屈だけで変えようというのは無理です。やはり実践、そして理論、再実践、再理論、この繰り返しですね。そこで、自らを点検したり、高めるんですよね。

実践がなく、論理だけもて遊んでいたら全く意味がない。戦闘的で、本当に献身的な活動家と言われている人は、実践の中から生まれるんですよ。そういう方向に、幹部も本来の原点に立った活動に変えていこうということで努力していて、たぶん、それはそのうち実ってくるでしょうね。

そして初めて、関生の従来の歴史と伝統に裏打ちされた「関生の魂」というものが、常任を中心にして身について、それが執行委員や各ブロックの役員や組合員に伝わって、集中力がうんと高まってくることになるでしょうね。

成果は、われわれが関生を作った、１９６５年当時とは比較にならないほどあります。組織力があるし、専従もたくさんいるし、宣伝カーもあるし、宣伝する機能も発達しているし、それから、これだけの組合事務所もあり、組合員の数も比較にならないほどいます。そして、業界に対する影響度は、関生支部を除いてこの業界を語ることができないほどにまでなっています。

ただ、先ほど言っていたように、材料が一杯あっても料理人の側の方がとんでもない料理を作るもんだから（笑）、食べる側の満足度はないわけですね。材料は一杯ある。それを活かしきるような、料理人たる常任を中心とした幹部が、しっかりと原点に帰った運動さえすれば、関生は共産党の攻撃を受けた３５００人どころではなく、１万人にすることは可能です。それに、われわれはいつも内外から、「日本の労働運動再生の軸になってほしい」と、期待されています。そういう期待通りに組織の中が変わっていけば、それは不可能じゃないですよ。労働運動を変える中心になっていく、価値のある運動をやっていると思いますよ。

第5章　労働運動再生への道

――第5次にわたる国策弾圧を打ち破る闘い

90年代の関生の飛躍

――このような、70年代初期の攻防、そして、80年代初頭の第1次弾圧を経て、関生は激しい弾圧を乗り越え、組織の基礎を作り上げ、さらに90年代の飛躍への道を切り開かれたと思うのですが、おそらく、この飛躍に至る道にはさまざまな危機があり、そして、その中でそれを乗り越えていく戦略・戦術を作り出されたと思うのですが、いかがでしょうか。

武建一　私の経験では、弾圧そのものでは組織が衰退や後退することはなかったですね。むしろ、弾圧においては、組織の結束は一層高まり、組織拡大が始まっていくんです。

ところが、権力は関生を潰すためには、上からの弾圧だけではダメで、日本共産党を使って潰した方が良いと考えたのではないでしょうか。というのは、関生は日本共産党の影響の強い組織ですからね。ですから、先に話したような1982年からの一連の日本共産党からの攻撃があったのです。

このときには、さすがに3500名もいた組合員も半減しましたね。これ以後は、セメントメーカーは好き放題ですよ。まず集団交渉を潰しましたね。また、4労組の共闘を潰しましたね。賃金は、ゼロ回答を続ける。従来の労働条件は改悪する。ストライキをすると、各社がス

全日建（全日本建設運輸連帯労働組合）への加入

トの共同の積立金をもって会社の被害救済処置をとる。「弥生会」という組織を作ってね。徹底的な労働組合に対する攻撃がありましたね。ですからわれわれは、権力と資本による攻撃に加えて、労働者の味方ずらをして労働者を裏切っている、日本共産党へのエネルギーを相当費やされました。

この間、権力と日本共産党は、先ほども話しましたように、関生は１年はもたんだろうということを流していたんです。ところが、われわれの気持ちとしては、組合員も悲壮感も持たず元気でした。というのは、関生の主張の正当性、産業政策の正当性、組織運営の資本・政党から自立するという正当性への確信があったからです。

その中で関生は、孤立してはならないから全国組織に合流しなければならない、ということで、今の全日建（全日本建設運輸連帯労働組合）という組織に加わるわけです。連帯労組は、こうして84年に作り出されました。そして、当時の社会党の中に、「連帯労組特別委員会」というのができた。これは、30人近い議員団の編成です。この議員団は、各行政交渉に先頭に立って参加してくれました。

もう一つは、われわれはゼネコンに対する闘争を、果敢にやっていったということがあります。もう一つは、土地強制収用についての取り組みです。

さらに、三菱が自分の会社グループの利益だけを追求して、大阪に帝国ホテルを建てた土地にアメニティホールを作るときには、われわれは徹底して闘いました。ここで三菱資本は、現地プラントを作り、三菱グループが仕事を独占しようとしましたが、これに対してわれわれは、仕事の半分を協同組合に回すことに成功しました。つまり、中小企業に還元させるような取り組みを行ったのです。

「会社は潰れても労働組合は残る」

――また、輸入業者、アウトの業者への取り組みもありますね。こういう取り組みを行っていく中で、90年代の飛躍が始まったのですね。

武建一　そうです。それに加えて、この時代、会社が相当潰れているときに、大幅賃上げをどんどんやるわけです。91年には、当時の東大阪地区協同組合と共闘して値戻しを実現しようとした。しかし、それは反対にあって潰されてしまう。そうすると、91年の暮れから93年までに51工場が倒産しました。

この倒産の最中に、90年～92年のわずか3年近くで、10万円の大幅賃上げを実現したのです。

メーカーからしたら、一匹狼みたいなものを放っておいたらどっちへくるかわからん、ということ、つまり、勢いのあるところが、どんどん賃上げや労働条件を改善していくことになっていきますから困ってしまいます。加えて、倒産した会社を再建するという方針をとったものですから、「会社は潰れても労働組合は残る」ということで、メーカーにしたらたまりません。

――倒産が相次ぐ中での大幅賃上げというのも、逆転発想のすばらしい闘いですが、「会社は潰れても労働組合は残る」という思想は、中小企業の労働運動にとって、とても重要な考えですね。これが産業別労働組合の意義ですね。ところで、この90年代初期には、関生ではいくつかの組織的動きがあったようにお聞きしていますが。

武建一　そうです。92年に今の生コン産業政策協議会がスタートします。そして、94年には大阪広域協同組合ができます。

――共産党との分裂から、今日に至る産業政策の特徴点ですが、広域協（広域生コンクリート協同組合）ができるまでと、できてからのスタンスの、関生支部の運動の優位性についてお聞きしたいのですが。

武建一　それには、先ほど話しました田中裕さんが１９７３年に生コン業界に参入したことと、その後の政策闘争は非常に影響し合っているわけですよ。なぜかというと、政策闘争というのは労働組合からすると、中小企業の利益のためだけにやっているわけではなく、それを通じて労働者の賃金とか雇用の安定という目的を達成する手段として、それを追求しているわけですね。

ところが、共産党系の労働組合は、まとまるということだけを目的としてしまっている。協同組合が「敵」というか、セメントとかゼネコンにとって都合のいいように支配の道具になっていても、とにかく、まとめるということだけを中心にしています。労働者の利益というのは、どこかに飛んでしまっている。それを私は、「手段と目的を混同してしまっている」、つまり、戦略がないからそうなってしまっていると言うのです。

要するに、基本戦略があれば、「戦術は水の如し」なのですが、基本戦略がぼやけているから、戦術も間違ったものになる。われわれは、労働組合の基本的な目的というのは、労働者の生活と権利を維持・向上することであると考えています。その基本を達成するために、色んな手段・方法をとるわけですね。だから、手段・方法というのは、戦術問題であって基本的な戦略というのは、その労働組合の目的ですよ。それを実現するために、それが絶えず基本に座っていなければいけないわけです。それがはっきりしていない労働組合との違いが、非常に明確になりました。

それは、経営者に向かってただ説得するだけでは、経営者は「はい、分かりました」とはならないわけですね。そこで、政策闘争のこの間の特徴を見ると、経営者に言葉で説得するだけではなく、実際の運動の中で、経営者もそういう認識に立たざるを得ないようになったんです。つまり、われわれが協力していると業者も安定します。パイが大きくなったことについて、その配分は労働者にも渡さなければならないというのを形づくったのは、前にも話しましたように１９７３年の大闘争です。

その大闘争を経験して、われわれと生コン産労、全港湾などが一緒になって、１９７７年に業界をきちんと安定させようと、共同受注・共同販売・共同収受を作り上げ、１９８０～81年にかけて、１０４日の休日を勝ちとりました。

今度の１９９４年に再建したときもそうです。１２５日の休日を勝ちとったのは、われわれの政策闘争の効果が、業者の中に現実に現れてきたからそれをやったのです。

ところが、今の広域協組の理事長は、宇部・三菱出身の鶴川というのが理事長をやっているのですが、この男はもともとセメントの大阪支店の副支店長をしているときに、「アウトに売ろうが、インに売ろうが同じお客さんだ」ということを平気で言う男です。まだ、セメント販売の延長線上にこの男はあるわけですね。その彼らがやっているのは何か。労働組合は、単に利用するものであるという考えです。この体質を変えなければいけない、ということですよ。

だから、今の政策闘争がずっと発展してきたというのは、一つは時代状況というのもありますね。中小企業に、どんどんコストダウンや過剰サービスを要求してくる。歴代の自民党の政権が、一部の大企業の利益のために、どんどん要求してくるわけですね。そうすると、やはり従来以上に団結するのか、それとも、大企業の言いなりになって、コストダウンをしてでも我慢するのか、ということが問われる。象徴的なのは、トラックなどですね。

――確かに、トラックなどの運輸の実態は、ひどいものですね。

武建一　要するに、相手側に全面的に協力して、何とか生き延びようとする。トラックの状態などを見ると、分かります。もう、会社もほとんど潰れかかっているし、質のいい労働力なんか集めることができないから、大きな事故などがどんどん起きているわけですよ。

生コンの場合は、そういう時代要請の中で、業者だけではトラックと同じようになっていたと思いますよ。労働組合が政策をきちっと確立して、そして労働組合が販売店やセメントメーカーなどに対して、分かりやすくいえば「反独占」という立場で要求する。もっと簡単にいえば、取引が対等にできるように、従来の下請けと親会社という関係ではなく、対等な立場で取引できるようにしよう、それが事業協同組合活動への結集なんですね。
つまり、今、話したような、困難な中で多様な取り組みを行う中で、力関係を変化させていくわけです。その多様な取り組みの一つとして、土地強制収用の闘争は非常に大きかったと思っています。

阪神大地震での「シャブコン」摘発

――関生型労働者運動の社会的意味ということを前にも言いましたが、１９９５年の阪神淡路大震災では、生コンの品質の告発、いゆわる「シャブコン」の建造物の問題を取り上げられたと聞いています。この労働運動の社会的意義ということについて、どのように考えられるのかお聞きしたいのですが。

武建一　これは、企業内組合だったら、自らの製品の不良性を社会的に暴露するということはほとんどしないと思います。なぜかといいますと、そんなことをしたら自分たちの賃金なり、労働条件の切り下げにつながると思っているからです。しかし、私たちは製品を作っているということに対する誇りを持って、そこで働いているわけです。この製品に欠陥があれば、欠陥を社会的に暴露することによって、その企業が一時的に窮地に追いこまれたとしても、しかしながら、それは労働組合の社会的使命から見て、当然、良い品質を世の中に提供する、それがやがてその会社の社会的信用を確保していくことにもつながる、ということです。

生コンクリートというのは、これに代わる製品は生まれていないんですよね。コンクリートがすべての基礎にあって、道路ができ、港湾ができ、空港設備ができ、建物もできるわけです。そういう社会的有用性にふさわしいような価値ある製品について、そこに問題があれば積極的に「シャブコン」の問題を摘発していったり、あるいはまた、過積をすることによって、充分な練りをできずに品質に問題が発生するようなことにないように、過積追放運動をやったりしているんです。

それから、汚水とか粉塵とか、そういうものが発生しないように、環境保全の取り組みを展開するとかもやっています。また、品質保証のためのマル適マークというのがあるのですが、これは品質が大丈夫だと認定する制度です。それを形だけで中味のないような、書式さえ整っていればOKするというのが、日本の行政や製造業者のおざなり的なやり方なんです。それを厳密にチェックして、本当にマル適が保障されている工場は、認定した側も責任があるし、受けた側も責任があるとして、品質管理制度を充実させる取り組みを行っています。

2005年段階では、需要創出と同時に、品質管理・監査を徹底するために、共同試験場と新技術センターを作るべきであると、言っています。その共同試験場は、自らがチェックできる機能を持ち合わしていくことが必要だと思っています。

また、新技術センターというのは、今のコンクリートは、２千年ほど前のローマの時代からでき上がったコンクリートに、混和剤を入れた、改良したものでしかない。それを今度は、保水率の高いコンクリートを開発すれば、ヒートアイランド現象を解消することにつながります。透水度の高いコンクリートを開発すれば、高速道路では水はけが良くて、交通事故を少なくすることにつながるということになります。それは、結果的に需要創出にもつながるから、そういう社会に役立つような技術開発をすべきだとしているんです。

さらに、資格制度を作り上げることも言っています。これは、ロンドンのタクシーなどが、免許証を持っているだけですぐにタクシーに乗れるわけではなく、何年間か教育を受け、実習をして、そしてタクシーに乗る資格ができるということなんです。それだけに、そこに雇用される人たちの条件も良いし、社会的地位が高い。これは産業的にも、適正な人員配置につながっていきます。

それを、生コンで資格制度を作るようなことを考えたらどうか、と提言しています。それから、協同事業というのをもっと発展させるべきではないか、言っています。資材を協同購入する、そのことによって売り手であるセメントに対して、買い手の生コン業者が売り手をコントロールすることにつながるし、大企業と対等に取引する上でも有効であると思います。そして、適正なコストを確保するためにも、有効であるということになります。

だから、協同事業の中に、資材の協同購入、輸送の協業化の問題、こういうことをもっと大きく発展させる必要があると思っています。

「戦術は水の如く」

――武さんのいろんな集会での発言に、「戦術は水の如く」とか、危機のときにはたえず新しい問題に挑戦するとか、言われていますが、これは70年代初期、80年代の弾圧、そして、この90年代初期の闘いにも感じます。普通なら組織が半減したら、その回復だけが精一杯でそんなことを考えません。後ろ向きになります。このあたりの発想は、どういうところから出てくるのでしょうか。

武建一　そうですね。関生の歴史は、困難を肥やしにするという歴史でもあるんです。困難になればなるほど、つまり、壁にぶち当たるということは、チャンスでもあると思っています。壁にぶち当たるということは、今までのやり方が通用しない、ということですから、今までのやり方を変える、発想を転換する機会を与えられているわけです。

要するに、組織が落ち込んだり、敵の攻撃で被害を受けたりというのは、組織が前進しているときからすると深刻な事態ですね。例えて言うと、壁に当たっている、だからチャンスなんです。つまり、このときこそ感性というか、自分たちの能力・想像力を徹底して働かして、壁にぶち当たっているのは、何が原因であるのか、こういう分析が大事です。しかし、こういう分析も大事ですが、それを打開するためには、今までと違う手法を考えなければならない。戦術も、形式化されたストライキや大衆行動だけではダメですね。住民と共闘したり、地主と共闘したり、アウト業者・輸入業者と共闘したりと。これらは従来とは違う発想ですね。そういう発想を持ち、しかもそれを実践してしまうというのが大事です。しかし、ほとんどの労働組合は、いくらかは発想転換はするのですが、実践がない。つまり、あれこれ考えているだけで行動しない。

私たちは、困難をいくつも経験してきていますから、困難、いわば矛盾が激化すればするほど、潜在的能力を発揮すると思っています。そして、実際に困難が生まれたときに、従来と違う発想が出てきて、これを実際の行動の中で実現しようとする。だから、色んな事態を打開できたと言えますよ。

例えば、当時典型的なのは、日本共産党系の労働組合は、とにかく協同組合を守れ、協同組合の組織を維持しろ、と言うのですが、しかし、この協同組合というのは、当時、メーカーの販売政策の手段として利用され、かつ労働組合潰しのための組織として変質しているんです。どうしてこの協同組合を守るのか、われわれはおかしいと言います。

われわれは、この変質した協同組合は、逆に潰すようなことを考える。これは「守る」という戦術だけを固定化している者から見ると、不思議に思うわけですね。だが、敵への対応の仕方は、一様ではない。敵に応じて、われわれの戦術が多様性を持っていなかったら、敵の枠内の運動になるか、いつまでたっても成果は生まれません。壁に当たってもそれを打開する力は生まれてきません。

ここのところが、関生の運動について、今でも資本・権力が、「資本主義の根幹に触れる運動」という認定を崩していない原因だと思います。

国策弾圧の背景

――さて、1980年代初頭の弾圧に次ぐ、大がかりな権力弾圧が今回の弾圧だと思うのですが、現在進行中のこの弾圧でもいろいろな壁が生じているのではないかと思います。これは、先ほどの武さんのお話を聞いていると、次に飛躍するための危機の中のチャンスとしてあるような気がしますが。

武建一　結局、私たちの組織に対する攻撃一辺倒では、安倍晋三の圧力一辺倒ではないですが、われわれの団結力を固めていく。そして、中小企業も政策的に共鳴していく、他の労組も共鳴していくので、これでは権力にとって都合の悪いことですよね。

私たちは、さらにそれを生コンの分野だけでなく、圧そう業界、バラセメント業界、生コン輸送業界、そして地域的には、和歌山、滋賀、舞鶴、岡山、徳島などの地方に拡大し、中小企業運動における大阪の典型を広めていったのです。

このように広めていくと同時に、自分たちの組織の点検も始めたわけです。というのは、われわれの組織の中でも、どうも官僚的な組織運営をしたりして、どうも風通しがよくない、ということがあったからです。だから、人の配置換えもちゃんとやって、これから全国に向けて本格的に一気に発進しようということだった。実際、名古屋などでも色々相談があり、全国的に広がる気運が熟していました。

組合集会で発言する武委員長

こういう状況を権力は見逃しませんね。一昨年（05年）の権力攻撃の前に、私は関生の成果が他の中小企業の分野にも一気に広がる、しかも組合総研（中小企業組合総合研究所）ができて、この組合総研が全国に『提言』という雑誌を発信して、一定の影響力を作り始めました。つまり、労働者運動と中小事業協同組合運動とが結合した運動が、一挙に広がっていくようになった。これは日本の産業構造の中で、もっともアキレス腱になっている部分ですよ。こういう運動が関生型で全国に広がっていくことに、権力は危機を感じたと思います。

ですから、私はこのままの状態で動いていくと、必ず権力の反撃が来ると予測していた。そしてこの弾圧には、単に労働組合の運動では、とても持ちこたえることはできない、と思っていました。この状態で権力攻撃が始まったら、労働組合のままでは無理だと認識していたのです。だから、「関生コミュニスト同志会」を、早急に組織することが必要だと感じていました。（註　2004年12月11日、「関生コミュニスト同志会」が発足し、翌年の3月1日、弾圧の中で全国の労働者に向かって発足時に確認された、武建一の筆による『労働者宣言』が公表されている。）

残念ながら、権力は私の予測した方向で動いてきました。しかし、今回の場合は、非正規労働者問題や、雇用が破壊され、賃金が破壊され、医療・福祉・平和などが全て破壊されてくる状況の中で、こういう苦しんでいる人々に灯りをともす役割を担っている関生型の運動を、潰すための攻撃ではないかと思っています。ですから、私を1年2カ月拘束したり、今年の5月8日に逮捕された4名の仲間を、依然として拘束していますが、これはまさしく見せしめ以外の何ものでもありませんね（註　その後、07年8月に保釈された）。

ですが、私たちにとって、こういう攻撃はどうってことないんです。つまり、こういう攻撃は、相手側・権力側が価値があると認めていてくれていることなんですね。これ自体は、実体的にわれわれを鍛えてくれています。

今回の場合、関生に第5次にわたる権力弾圧が加えられたんですが、それでも、私たちの産業政策運動は限りなく前進しています。ですから、今年の春闘は例年になく盛り上がっていますし、私たちの示している産業政策は、これからも妨害は続きますが、しかし、今の流れからいってこの道は変わることはないのです。

世界の流れを見ても、例えばベネズエラのチャベス革命などが相当の影響を与えていますね。この流れは日本でも、仕事興しのための協同組合事業、生コン労働者の協同組合事業、あるいは、国労の仲間が北海道でやっている一種の協同事業など、こういう運動がこれから全国に一気に広がっていく可能性があります。時代の流れとしては、いくら資本や権力が妨害しても、この流れを消すことはできない。つまり、人々が求めているこれからの運動をやっているわけですから、これはどんどん開花して、発展していくと思います。

許せない実刑判決

——先日、大谷・旭光事件の全員について、特に、武さんには関西では戦後労働運動史上、初めてという実刑の重罪判決（懲役1年8カ月）が出ました。ゆゆしき事態だと思います。この間の一連の弾圧問題について、詳しくお聞きしますが、やはり、関生の労働運動、政策闘争などが、この国策弾圧の背景にあると思うのですが？

武建一　全くその通りです。この間の私たちに対する、大谷・旭光事件の全員に対するあの判決、とんでもない判決ですね。あの判決は結果的には、産業別労働運動を日本の司法は認めないということを言っているわけなんです。ひどい判決です。

逆に言えば、あんなひどい判決が出るということは、相手側の方はひどい判決を出さざるを得ないというところまで、基盤が緩んでいるということだと思いますね。まともな判決をすると、うんと自信をつけて、それによってその彼らの揺らいでいる基盤が一層困難になるという。だから、相手が強くなって、そういう判決を出したのではなく、大変追い詰められた状況の中で反動的な判決を出したということです。

つまり、もともと司法・立法・行政というのは、それぞれ独立しているという建前ですが、形だけが独立していて、実態としては癒着になっている。立法府の方もとんでもないことをしている。教育基本法を変えてみたり、あるいは、防衛庁を「省」にしてみたり、あるいは共謀罪をまた国会に出そうとしてみたり、憲法を変えようというところにまでいこうとしていますね。立法府の方は、どんどん反動的な方向に変わる。結局、国民の基本的人権を、抑えつけてしまうという法整備をやっているわけでしょう。

アメリカの特徴は、小さい政府と言いながら、権力だけが肥大するということです。日本もそうですよね。「官から民」と言いながら、国鉄分割・民営化みたいにおいしいところは全部大企業に、用地などは安く売る。そして、赤字だけは、国民にツケとして回すような仕組みを採っています。

また、一方では格差がどんどん出てくるから、犯罪が起きるし、反発が出てくる。そうすると、それを抑制するためには、権力がだんだん肥大化してしまいます。アメリカもそうですね、軍事力をどんどん強め、権力が強くなっていく。日本だってそうですよね。そして、海外に自衛隊が公然と「本来任務」として出せるような仕組みが、防衛庁から「省」でしょう。軍事力をどんどん強めていく傾向にある。反面、国民の基本的人権は、抑制されるという法則ですね。しかし、当然アメリカでも、２００６年11月の民主党の選挙の勝利に見られるように、反発が出てきますね。国民の反発というのは、抑えることができないのです。

相手は色んな方策をやってきますが、しかし、大企業と大企業の対立・矛盾は、避けることができないですよね。また、大企業の政策によって、中小企業が犠牲を受ける。そして、中小企業と大企業の対立・矛盾が出てくるわけですね。さらに、労働者と企業の対立・矛盾は、一層激化してくるわけでしょう。だからわれわれは、少数からスタートしますが、多数を引きつける客観的な条件があるわけですね。

しかし、客観的な条件があっても、しっかりとした運動路線と運動していく人たちの魂がなければ、これを大きなうねりや力に変えていくことはできないのです。今の情勢というのは、表面的には自公政権によって、数の力で何でも通しているように見えて、労働運動はどちらかというと抑え込まれていますが、潜在的には労働運動が活発に発展する条件を、敵の攻撃が作ってくれているんです。

――そういう情勢認識の方法が、武さんがいつも言われている「情勢負けしない」ということですね。

武建一　そうです。われわれは、情勢を捉える場合、このように見るべきです。でも、ほとんどの労働組合の幹部は、逆に捉えてしまうわけですね。相手の巨大な力に怯えてしまって、「このときには台風が来ているのと一緒だから、我慢をして、そのうち嵐が過ぎ去るのを待とう」となります。いつまでも嵐が過ぎ去ることはないですよ、今のやり方では。本当は、嵐が仲間を鍛えてくれるわけですからね。しっかりとした方針と運動をやれば、一気に相手を追い詰め、われわれのまともな運動というものが、世の中で多数になっていくのです。そういう方向を目指して闘えば、弾圧がないんです。もし、弾圧を恐れて闘う姿勢に弱さが出てきたら、また次の弾圧を呼ぶ。逃げ腰の姿勢があればあるほど、弾圧を呼び込むだけの話ですね。そうすると、弾圧を避けようとするには、どうすればいいのか。まるで何もしなくなってしまう。御用組合と同じように変質してしまうわけですね。

労働者の期待に応えて、きっちりとした運動をするには、弾圧を恐れてはいけないんです。現実に、大阪の労働者の125日の休日とか、あるいは、年間所得800万円前後とかいうのは、東京・名古屋・九州、全国と比較して断トツにいいんですよね。トラック・バス・タクシーと比較しても、とても比較にならないほどいいわけですよ。

国策弾圧に反対する抗議デモ

それは、今まで権力弾圧があっても、体を挺して闘い、ヤクザを入れて組合潰しをやっても、体を挺して闘い、そして、やがては労働者の天下に世の中がなるという、将来に対する展望を持っている仲間たちが、自己犠牲をいとわず闘ってきた歴史の中で作り上げた条件です。そういう条件をより発展させなければならない、というのが今の任務ですね。守るだけではなくて、より発展させる。

　これを意識して幹部が対応すれば、決して情勢負けすることはないんです。情勢こそ、むしろ労働者の未来にとって明るい。だから、私がしきりに言うのは、アメリカの一極支配というのはもう終焉に向かっている。アメリカは、もう事実上だめでしょう。中南米の左翼政権の誕生、あるいは第3勢力と言われているキューバとかチリとか、そういうところを軸にした170カ国近くのグループというのは、帝国主義の資源略奪に反対して、自主・自立した経済政策に変わってきている。要するに、アメリカが一時チリなどで取り組んでいた、フリードマンという経済学者の市場原理主義というのを改めて、人間が市場をコントロールしなければならないという方向に、経済政策も変わっているわけですよね。外交政策も、アメリカのような一方的なやり方ではだめだというのが、世界の主流なんです。

——現在の日本のアフガン・イラク政策、自衛隊派兵にしても、ブッシュの「プードル」と言われるような追随政策で、呆れてしまいます。

武建一　そうですよね。日本は、アメリカの尻馬に乗っているから、マスメディアを始め、全部、何かアメリカを軸にして、世界が回っているように宣伝されているわけでしょう。違うのです。アメリカは明らかに国際的に孤立して、もうアメリカのやり方では中東諸国でもうまくいかなくなっています。

今度の6カ国協議を見ても、日本を無視してアメリカは共和国と勝手に話をしていますね。アメリカは、アメリカの国益で動くわけですからね。日本の支配層の一部は、アメリカに引っついていたら何でもうまくいくと思っているけれど、アメリカの支配層はそうは思っていませんからね。日本をアメリカの国益のために、利用しているだけの話です。

そういう風に見ると、アメリカ一極主義はうまくいかない。しかし同時に、アメリカと日本の一部の独占とは、利害が一致する点と、また対立する点もあります。要するに、支配層というのは、必ずしも一枚岩にまとまることはできない。一枚岩にまとまることができるのは、労働者ですよ。中小企業も、ちゃんとした政策を持って結集する運動さえあれば、まとまることができるんですよ。数の上でも、圧倒的に労働者と中小企業の方が多いわけでしょう。支配層というのはごく少数です。だから、潜在的なそのエネルギーは運動する側にある。その潜在的なエネルギーを、主体的にこちらの運動の正当性で共感を広めて、大きくできるかどうかにかかっているだけの話でしょう。

結婚・家族・革命をどう考えるか？

――弾圧との関連で初めてお聞きするのですが、この闘いに次ぐ闘いの人生の中で、武さんにとっては家族を大事にする余裕はなかったと思うんですが、少しご家族のことをお聞きしたいと思います。まず、結婚なさったのはいつですか？

武建一　1972年12月24日です。時間がなかったものですから、結婚式はその日しか空いていなかったのです。そして、結婚してすぐに長男が生まれます。当時の労働組合は、ガリ版からちょっと前に輪転機に代わったばかりですので、私が原稿を書きますと、うちのカミさんがそれを清書してくれました。これで組合の議案書などが出せるのです。カミさんは、妊娠しているときもやってくれましたね。だから、大変迷惑ばかりかけています。組合員ではありませんが、最初から組合の手伝いはやってもらっていたんです。

私は子どもたちと、キャッチボール一つしたことはないですね。長男が8年前に亡くなったのですが、その年に初めて九州に家族旅行で行きました。娘は結婚していますので、男の子2人と私ら夫婦でね。そのとき、私が「これから、1年に1回ぐらいは家族旅行ができたらいいなー」と言ったら、長男曰く、「お父さん、もう遅いよ」。

そのときは何とも思わなかったんですが、それから何カ月もしないうちに、長男が亡くなってしまってね。本当に父親らしいことは、何一つしていないのです。ですから、子どもたちが学校に行っても「父親不在」です。子どもたちは、寂しかったんだと思いますね。カミさんは、グチはあまり言わなかったのですが、長男が亡くなってから、心労から肝臓を悪くして入退院を繰り返すようになりました。こういう意味では、家族に対して相当の負担をかけたと思いますね。

――殺されかけたりとか、家にガサが入るとか、嫌がらせや脅迫電話がかかってくるとか、ご家族の負担は大変なものだったのではないでしょうか?

武建一　そうですね。大きな石を家の中に放り込まれるとか、燃えている新聞紙をくるめて家の中に放り込まれるとか、ずいぶん嫌がらせを受けましたね。これは全て組合活動に係わることだった。これを家族が一緒になって受け止めていました。これは相当の負担になっていたと思いますね。

でも、私の家族は、すごく仲の良い関係なんですよ。今はそうでもない家族が多いのですが……。しかし、一般の家族とは違うことを強いられて、大変なのは大変だったと思います。それで、私はね、この年になって思うんですが、社会運動をやっている人は、本当に全力でやろうと思うなら結婚はしない方が良いと思うようになりました。もちろん、これは社会運動家一般ではなく、リーダーの人たちに言えることだと思いますが。

と言いますのは、やはり、社会運動というのは、結婚すると家族に負担をかけすぎるんです。本人はいいんですがね。ですから、例えば現在のカストロ、あるいはホーチミンも、結婚はしなかったそうですね。彼らはすごいと思います。やはり、腹を据えて運動をしっかりやろうとすると、こういう考えになります。もちろん、パートナーが、自分と同じ高まった思想にあれば、こういうことは言えませんが。でも、なかなかそう簡単にはいきません。

日本労働運動再生の道

――今まで長い時間、関生労働運動の経過と意義、そして、その闘いの具体的内容について語っていただいたのですが、ここで改めて混迷する日本労働運動の再生のために、私たちはどうしたらいいのか、関生の経験に踏まえて、武さんにまとめて提起していただきたい。

武建一　分かりました。私がこの間考えてきたことを、いくつかの点について、まとめて簡潔に話してみます。

まず、第1は、やはり情勢負けしないことですね。つまり、情勢を階級的に的確に分析し、これを仲間、労働組合の確信にすることです。現在はアメリカのグロバリーゼイションや、小泉――安倍内閣の下で、厳しい新自由主義政策、戦争政策が遂行されていますが、前にも話したように敵の側は一見強く見えますが、私どもはここに敵の弱点を見ています。労働組合は、こういう敵の的確な分析を行うことが、闘いの勝利への確信につながります。

第2は、労働組合の基本的任務とは、経済闘争・政治闘争・思想闘争を三位一体のものとして追求することですね。労働組合の任務が経済闘争だけである、というのは間違いです。

第3は、第2の点を別の側面で言いますが、労働組合の基本的性格とは、大衆性と階級性の結合であり、企業主義、労働組合主義を乗り越え、社会変革運動の一翼を担うことです。

第4は、敵は帝国主義であり、彼らを孤立させる運動として敵の中に存在する対立・矛盾にクサビを打ちこむ政策を確立して闘うこと、中小企業・農民・漁民・市民・学生など、全ての民衆との団結・統一戦線を形成することです。帝国主義というのは、もともと客観条件からして孤立せざるを得ないのです。

第5は、組織形態は、企業の虜《とりこ》にならない組織形態を目指し、資本・権力・政党から自立した労働組合を目指すことです。

第6は、志を一つにする労働組合間の共闘を発展させ、闘う拠点を各地方・地区で作ることです。組織統一を目指すプロセスを明確にして、闘う戦線の拠点を強固に作り出すことが必要です。

第7には、今、それぞれの組合が未組織の組織化をやっていますが、この未組織の組織化について、「協同センター」を作り、宣伝活動・統一行動を定例化することが大事です。これには教育活動や宣伝活動を共同で行うことも入るでしょう。

関生コミュニスト同志会の意義

——今の点について別の観点から、もう一つお聞きします。先ほど武さんは、「関生コミュニスト同志会」を発足させたことをお話しされましたね。武さんは労働運動が発展し、強くなるためには、言い換えれば、労働運動の再生のためには、労働者の中に活動家集団を作ることが大事だといつも言われていますが、この意味を改めてお聞きしたい。また、武さんは、関生の委員長になられたときから、日本共産党員の時代を含めてコミュニストとして認識されていますが、この労働運動の中に、コミュニストが存在することの意義についてもお聞きしたいと思います。

武建一　関生の組合員の中には、例えば創価学会員もいるし、違う考え方の人たちもいるのに、組合に結集しているということがあります。これは政党と違い、労働組合という大衆組織は「政党支持の自由」を保障しないといけないということがあります。これは建前ではなく、実際に保障しなくてはいけません。しかし、労働組合であるからと言って、政治的に中立である必要はありません。だから当然、良くない政策を掲げている政党については、批判も暴露もします。したがって、例えば公明党は平和の党とか福祉の党といいながら、平和も福祉も破壊しているわけですから、厳しい批判をします。しかし、組合にいる創価学会員たちは、これに反発するということはない。というのは、彼らは「関生の組合」に結集しているからです。

これは、なぜそうなっているのか。私は、自分の政治的立場を誤魔化したりはしないんです。最初から資本主義は変化しなくてはならない、変えなくてはならない、と言っているのです。こういう私の立場を理解して、組合員は関生に結集しています。つまり、私たちが組合員の利益のためには体を張って闘う、という実績がなかったらダメだと思う。

まー、こういう普通のことをやっているに過ぎません。コミュニストとして、たいしたことをやっているわけではないんです。だが、この当たり前の主張・行動が、組合員の結集につながっていると思っています。

現在は、マルクス経済学と言うと、大学でも受講する人がいないらしいですね。でも、世の中の発展法則を理解することによって、世の中の真実に目を向けるという喜びが、若いときにはぜひとも必要ですね。もちろん、年を取っても必要です。そうしますと、闘いが困難になっても動揺することはほとんどなくなるんです。私自身は、この数十年の経験の中でよく考えているのですが、しっかりした哲学を持っていない人は、闘争が困難に陥ると動揺しやすいんです。

だから、労働組合の中に思想集団をしっかり作るという意味は、しっかりとした世の中の発展法則を理解する人、社会を階級的視点で捉えることができる人、現在起きている出来事を、短い期間でモノを見るのではなく、長い歴史とこれからの展望ということでモノを見ることができる人、こういう力を持った人たちの集団がなければ、労働組合だけでは弱いんです。

やはり、労働組合をまともにするには、経済闘争だけでなく、政治闘争・思想闘争も必要なんだということを考え、実際、それらを実践しているのですが、その労働組合でも現実に一つの力を持つ物理的な思想集団がなければ、敵の全面的な、本格的な攻撃には太刀打ちできないと思います。ここが、私の関生コミュニスト同志会の必要性を感じているところです。

今でも、絶えず業界の方が、「あんたも年をとって、また、いつパクられるか分からんのに、そろそろ引退して院政でも引いたらどうか?」と言ってきます。しかし、私はこの方々に言うんです。「私は死ぬまで変わりませんよ。もし私が闘いを止めたら、私が大阪に来てからの40何年間の人生を、私自身が否定することになるんです。私の持っている社会運動家としての信念は変わりません。それを貫いていくことが、生涯を閉じるときに満足はないと思うんですが、いくらか悔いのない人生だったと思えるんですよ」と。

私にとっては、もし、それが言われるようなことになると、何のために生きてきたか、生きてきた価値がなくなってしまうと思っています。私はどちらかというと、「やられたりやり返す」主義です。こちらから、先制的に対応したことはほとんどないのです。敵からやられたことで、その中で生き方の基本というものを考え、必要性を考えてきたんです。

ですから、関生は最初から特殊なものと位置づけられたり、われわれと付き合うと権力ににらまれるのではないかと怖れられるのですが、しかし、こういう運動に身をおくものは、当たり前のことをすればそういう評価につながる面があるということで、運動を続けるべきではないでしょうか。

若い世代の労働者へ

――どうも長い時間、ありがとうございました。最後に、今後続かれるであろう若い人たちに、労働者として、どのように闘い、生きていくべきか、アドバイスをお願いしたいと思います。

武建一　そうですね。一番大事なのは「感性を研ぎ澄ます労働運動」ということですね。あるいは、「知性を高める労働運動」「品性を高める労働運動」も必要でしょう。しかし、何より大事なのは、世の中に起きていることに対して、絶えず感性を研ぎ澄ましておくことです。これがもっとも必要なことですね。

もう一つは、失敗と犠牲を恐れず、現状を打開する労働運動が必要です。私はいつも「ゼロの発想が求められる」と言うのですが、だいたい、いくらか労働運動をやってくると、「財産」が生まれてきて守りに入ってしまうんです。あるいは、経験は大事ですが、その経験を踏まえながらも、もう一度「ゼロ」の発想から物事をなすことが重要ですね。

若い人たちに要望したいのは、志を高くして、世界と日本を変え、経済・産業構造を「労働者を主人公」に変えていく運動に、喜びと誇りを持ってほしいということです。

●関西生コン支部弾圧関係資料（関西生コン支部ホームページより）

２００５年1月13日未明、大阪府警は生コン支部に乗り込み、武建一委員長ら組合役員４人を逮捕。テレビが速報を流し、新聞は「生コン界のドン逮捕」「生コン組合、恐怖で支配」などと大見出しをつけた記事で、連日キャンペーンした。

これを皮切りに、大阪府警は同年３月、11月、12月、そして06年９月、07年５月と第５次にわたって強制捜査を繰り返し、そのたびに組合役員を逮捕。これまでに延べ15人もの組合役員を起訴。警察は「強要未遂」「威力業務妨害」「政治資金規正法違反」「背任」という罪名を振りかざした。

当然、関生支部の役員らは警察や検察の容疑を否認し、無罪を主張しているが、検察・裁判所は家族との面会も禁止した上、長期間にわたり勾留し続けている。

武委員長は実に１年２カ月、他の組合役員も３人が11カ月、２人が９カ月、１人が３カ月も勾留された末、ようやく２００６年３月８日に全員が保釈された。

警察や検察の取調担当者は、組合役員らに開口一番こう告げる。「裁判が有罪だろうが無罪だろうが関係ない。君たちを１年程度社会から切り離しておけたらそれでいい」、「今回の事件で武委員長には引退してもらう。君たちの運動はいまの時代にそぐわない」。

（1）事件の概要

《第1事件＝大谷生コン事件》２００５年1月13日

関西地区生コン支部が大阪府下の生コン会社（大谷生コン有限会社）に対し、約束を守って生コン業者団体（大阪広域生コン協同組合）に加入するよう働きかけた２００４年10月の組合活動が、「強要未遂」および「威力業務妨害」罪に当たるとして、翌２００５年1月13日、武建一委員長はじめ組合役員4人を逮捕。同年2月2日全員起訴。第2事件と併合。

２００７年1月22日、地裁で1年8カ月の懲役判決・収監（同日保釈）。そして、同年9月12日から控訴審第1回公判が始まる。

《第2事件＝旭光コンクリート事件》２００５年3月8日

第1事件と同じ構図の事件。関西地区生コン支部が大阪府下の別の生コン会社（旭光コンクリート工業株式会社）に対し、約束を守って大阪広域生コン協組に加入するよう働きかけた２００４年10月の組合活動が、「強要未遂」および「威力業務妨害」罪に当たるとして、第1事件から2カ月後の２００５年3月9日、武委員長と他1人を再逮捕。同時に新たに2人の組合役員を逮捕。同年3月29日に4人全員起訴。

第1事件と併合で公判中。

《第3事件＝政治資金規正法違反事件》2005年12月13日

関西地区生コン支部が、大阪府門真市の戸田ひさよし市議（戸田市議は連帯労組近畿地方本部の委員長も兼務）に対し、政治資金規正法に違反して資金を提供したとして、2005年11月9日に支部事務所や戸田市議事務所などを家宅捜索。同年12月8日には戸田市議を逮捕。同年12月13日、第1・2事件で保釈寸前だった武委員長を再々逮捕。12月28日に武委員長、戸田市議を起訴。06年9月25日に地裁で不当な有罪判決、07年4月25日高裁で不当な判決がくだされ、現在、上告中。

《第4事件》2006年9月2日

武委員長を贈収賄事件で逮捕・起訴。2007年2月19日の地裁判決で懲役10カ月の判決・収監（同日保釈）。武委員長は即控訴し、同年9月から高裁第1回公判が始まる。

《第5事件》2007年5月8日

5月8日、大阪府警は、関西地区生コン支部の執行委員3名、組合員1名を逮捕し、組合事務所など17カ所を家宅捜索した。被疑事実は今年3月1日、争議中の斎藤建材で団体交渉を申し入れた際、暴力行為を行った、窃盗を働いたというもの。同年5月、4人全員が起訴されたが、8月10日、95日ぶりに全員保釈。

（2）異常な長期勾留

第1事件および第2事件で逮捕、起訴された支部役員は武委員長ら計6人。「罪証隠滅のおそれ」を理由に、公判がはじまって検察側立証が終わった10月になっても保釈せず、接見禁止も続いた。

被告人質問がすべて終了した2005年12月15日（第1事件逮捕から11カ月、第2次事件逮捕から9カ月ぶり）、ようやく保釈許可決定。しかし、実際に勾留を解かれたのは5人だけ。武委員長は直前の12月13日に第3事件で再々逮捕されたため、第1・2事件では保釈許可を得ながら引き続き勾留。武委員長と戸田市議は拘置所で越年した。

これに対し連帯労組が抗議の全国統一ストを敢行し、佐高信、鎌田慧、大谷昭宏氏らジャーナリストが重大な人権侵害と組合弾圧に抗議する署名活動をよびかけた2006年3月8日、武委員長が1年2カ月ぶり、戸田市議が3カ月ぶりに保釈された。

インタビューを終えて

２００４年の夏のころでした。翌年10月の連帯労組・関西地区生コン支部結成40周年に向けて、旧来の組合運動史とは一味違った、武建一委員長の自伝的関生闘争史を刊行する企画が話題になりました。武委員長は、わたしが質問をしてそれに答えるという形式ならばと言われ、思いがけずその役をお引き受けすることになったのです。

わたしが初めて武委員長にお会いしたのは、１９８２年12月の暮れのことで、本書にも出てくる日本共産党の「12・17声明」が出た直後のことでした。わたしの師で、今は亡き寺尾五郎さんが、この「赤旗声明」を知って、「関生の武さんが頑張っている。励ましにいく。一緒にこい」と言うので、大阪まで寺尾さんのお供をした折のことです。その当時の武委員長は、40歳のころですからちょっと巻き毛の髪も黒く、人なつっこい大らかな笑顔の中にも、ときに鋭い眼光を放つ精悍な風貌が印象的でした。

以来、曲折を経つつも今日まで、武委員長とは社会運動における志を同じくして参りました。武委員長と関生の闘いは、その後のわたしの活動にとって、階級性の軸芯を保持しているかを測る密かな羅針盤のような位置を持つものとなったのです。

労働運動の現場にいないわたしが、無謀にも聞き手をお引き受けしたのも、独占資本と権力をして震撼せしめてきた関生労働運動の戦闘性・不屈性・創造性の根源、その産業政策・協同組合論の特徴について、武委員長自らが語る本書の出版が、解体のどん底にある日本の労働運動・社会運動の再生と未来への「時代の希望」を示すものになると、確信したからに他なりません。

武委員長へのインタビューは、2004年12月25日に第1回を、その後は05年の春までに集中して行い、その年の秋には刊行される予定でした。

ところが、第1回を終えた直後の05年1月13日、本書にあるように、武委員長は権力による国策弾圧で不当にも逮捕され、1年3カ月もの間、長期勾留をされました。保釈後、運動と組織の建て直しに奔走・忙殺されてきた武委員長に、やっとまとまった形でインタビュー再開の時間がとれたのは、本年に入ってからのことです。

インタビューを通じて感じたことは、その器の大きさは言うまでもなく、驚くべき記憶力、少年の心を失わずにいる瑞々しい感性と進取の気性、今なお衰えることを知らない満々たる闘いへの情熱です。また、ご子息の死やご家族の苦労に触れたとき、武委員長の顔が一瞬紅潮し、見開いた瞳に光が走り、心中深く胸に秘めて生きて闘う人間・武建一の慟哭《どうこく》を聴く思いがして、心が震えました。そのことを記しておきたいと思います。

本書が世に出るには、政策などについての教示や資料提供をはじめ、テープ起こし、写真の選定など、実に多くのことで関生支部の方々に助力、協力をいただきました。ここにそのお名前を記しませんでしたが、改めてこれらの全ての方に、心からお礼を申し上げます。

また、本書編集への助言をふくめて出版の労をとっていただきました社会批評社に、心より感謝申し上げます。

国家的弾圧に屈せず、裁判闘争中の武委員長の本書が、矛盾に苦しむ全国の若き労働者へ、《生きるに値する人生とは何か》のメッセージとなって、届きますように。時代に起つ労働者の大きな連帯と協働の流れが、始まることを願って。

2007年9月

生田あい

著者略歴

武 建一（たけ けんいち）

1942年鹿児島県徳之島生まれ。全日本建設運輸連帯労働組合関西地区生コン支部執行委員長。

中学卒業後、島内の商店に住み込みで働いていたが19歳で大阪に出てきて三生運送（元の共同組）に就職。1965年、関生支部の結成に参加し、初代委員長に就任。以来、同支部の発展・強化に尽力し、現在に至る。

共著書に『労働運動再生の地鳴りがきこえる』（社会批評社刊）。

武建一 労働者の未来を語る

一人の痛みを己の痛みとする関生労働運動の実践

2007年10月21日　第1刷発行

定　価　（本体1800円＋税）

著　者　武　建一

発行人　小西　誠

装　幀　佐藤俊男

発　行　株式会社　社会批評社

東京都中野区大和町1-12-10小西ビル

電話／03-3310-0681

FAX ／03-3310-6561

振替／00160-0-161276

URL　http://www.alpha-net.ne.jp/users2/shakai/top/shakai.htm

Email　shakai@mail3.alpha-net.ne.jp

印　刷　モリモト印刷株式会社

■好評発売中■

●労働運動再生の地鳴りがきこえる

――21世紀は生産協同組合の時代

武　建一・脇田憲一／編著　四六判　本体一八〇〇円

★連合型労働運動はなぜ衰退しているのか？　いま白熱化する関生労働運動を照射！

《本書の内容》

第1講　関生労働運動の40年
第2講　「総評」の解体と「連合」の衰退
第3講　労働者生産協同組合の歴史過程
第4講　対抗主体としての多元・多様な協同組合運動
第5講　「ジェンダー平等」と労働社会
第6講　関生労働運動と日韓民主労働者連帯
獄中からの報告　関生労働運動の理念と「関生魂」
提　言　物流組織化戦略ノート